Le guide de la micro-entreprise

Éditions d'Organisation
Groupe Eyrolles
61, bd Saint-Germain
75240 Paris cedex 05

www.editions-organisation.com
www.editions-eyrolles.com

Éditions APCE
14, rue Delambre
75682 Paris cedex 14

www.apce.com

ISBN : 978-2-212-54328-5

Agence Pour la Création d'Entreprises

Laurence PIGANEAU

Le guide de la micro-entreprise

Sixième édition

Suivre l'actualisation de l'ouvrage
sur *www.leguidedelamicroentreprise.fr*

EYROLLES
Éditions d'Organisation

EDITIONS
APCE

Chez le même éditeur
Dans la même collection

- Créer une entreprise de services à la personne
- Devenez consultant !
- Financer votre création d'entreprise
- Ouvrez un gîte rural !
- Ouvrez un magasin !
- Ouvrez un restaurant !
- Quel statut pour mon entreprise ?
- Réaliser votre étude de marché
- Trouver une idée de création d'entreprise
- Vendez sur les marchés !

« Ce sont ceux qui cherchent leur avantage qui
le trouvent dans ce monde ;
Quant aux autres, ils ont assez longtemps à attendre
avant qu'on vienne le leur offrir. »

George ELIOT

Sommaire

Entreprise, micro-entreprise, auto-entreprise... vous vous y perdez ?

Il serait impossible d'entamer cette 6ème édition du guide de la micro-entreprise sans évoquer d'emblée le régime de l'auto-entrepreneur, qui suscite aujourd'hui un enthousiasme certain... et de nombreuses interrogations !

Les pouvoirs publics n'ont eu de cesse, durant ces dernières années, d'encourager les personnes qui ont l'envie d'exploiter une idée, une passion, un savoir-faire... mais qui se trouvent freinées devant la complexité administrative que représentent la création et la gestion d'une entreprise.

Première étape : la reconnaissance de la micro-entreprise

Conscients des contraintes et difficultés auxquelles se trouvent confrontées les plus petites entreprises, celles dont toutes les compétences (commerciales, comptables, techniques, informatiques...) sont rassemblées autour d'une même personne, les pouvoirs publics et les professionnels de la création ont reconnu la spécificité des « micro-entreprises ».

Dans cet esprit, des mesures en matière d'accompagnement, d'aides ou de simplifications administratives ont progressivement été mises en place.

Sur le plan fiscal, un dispositif ultra-simplifié de détermination des bénéfices imposables a été institué sous l'appellation « régime micro-entreprise ». Son principal objectif est de réduire au minimum les obligations comptables et fiscales des micro-entrepreneurs, afin qu'ils puissent se consacrer plus largement à leur production et à leur clientèle.

Deuxième étape : naissance de l'auto-entrepreneur

Malgré les mesures prises pour simplifier la vie des micro-entrepreneurs, deux reproches restent constants de la part des porteurs de projets :

- la complexité du régime social des travailleurs indépendants, qui les oblige notamment à payer des charges sociales provisionnelles, même en l'absence de réalisation de chiffre d'affaires ;
- le formalisme et le coût des démarches administratives de création et de cessation d'activité.

Le nouveau régime de l'auto-entrepreneur vise à remédier à ces problèmes et donc à encourager les personnes qui hésitent à se lancer de peur de ne pouvoir assumer des charges dont ils ne mesurent pas l'ampleur.

Êtes-vous concerné par ce régime d'auto-entrepreneur ?

Oui, si vous envisagez de démarrer une petite activité indépendante ne nécessitant pas trop d'investissements, et si votre principale préoccupation est de vous **simplifier la vie !**
En effet, ce statut vous permet :

- de ne pas perdre de temps avec la « paperasserie » et la comptabilité et donc de pouvoir vous consacrer pleinement à la recherche de clientèle et à votre activité professionnelle ;

- d'être dispensé d'immatriculation au registre du commerce et des sociétés ou au répertoire des métiers (si votre activité est commerciale ou artisanale) ;
- de payer vos charges sociales au fur et à mesure de vos encaissements... et seulement en cas d'encaissements !

Non, si vous envisagez de développer votre activité, par la réalisation à court terme d'investissements et de recrutements, ou si votre principale préoccupation est d'optimiser votre situation fiscale et sociale (c'est-à-dire de payer le moins de charges sociales et fiscales possibles).

Simplification ou optimisation... à vous de choisir !
Ce guide a pour ambition de vous y aider...

Dans tous les cas, ne vous précipitez pas et procédez avec méthode. Vous avez une idée ou une opportunité, vous avez l'intuition que cette idée est la bonne, vous ne savez pas comment vous y prendre pour la transformer en projet... quels que soient les revenus que vous tirerez de votre future entreprise, qu'il s'agisse de votre activité principale ou d'une activité complémentaire, prenez le temps de préparer consciencieusement votre projet en suivant les conseils de ce guide. Vous mettrez ainsi toutes les chances de votre côté pour réussir !

Les taux et tarifs figurant dans cet ouvrage ont été collectés au cours du premier trimestre 2009. Ils sont donnés à titre indicatif.

Vous
et *votre idée...*

... ÊTES-VOUS FAIT POUR VOUS ENTENDRE ? Entre vous et votre idée, une longue histoire commence. Si tout se déroule bien, elle donnera naissance à une nouvelle entreprise. Afin de mettre un maximum de chances de votre côté, une première étape s'impose : vérifier que vous êtes bien faits pour vous entendre ! Votre statut actuel, votre tempérament, votre savoir-faire, votre expérience seront-ils en bonne adéquation avec les exigences liées à l'exploitation de votre idée ?

Êtes-vous prêt à entreprendre ?

Si vous vous êtes procuré ce livre, c'est que vous avez déjà un atout important : **l'envie d'entreprendre, de construire un projet.** Soyez cependant attentif à ne pas pécher par excès d'enthousiasme : vous rencontrerez sans doute des difficultés et des contraintes de natures diverses, que vous n'avez pas encore identifiées. Ne négligez pas cette étape de réflexion et posez-vous les bonnes questions.

> *Vous travaillez à temps partiel et consacrez la majeure partie de votre temps libre à une activité sportive ou culturelle… Pourquoi ne pas faire de votre passion une activité professionnelle à part entière ? Cumuler plusieurs statuts est tout à fait possible, dès lors que vous agissez dans des conditions de loyauté parfaites.*

Votre statut actuel peut-il contrarier votre projet ?

Vous êtes salarié d'une entreprise

Plusieurs possibilités s'offrent à vous :

→ démissionner pour créer votre propre activité ;

→ vous absenter temporairement de votre entreprise en demandant un congé pour création d'entreprise ou un congé sabbatique ;

→ ou bien créer votre micro-entreprise en conservant votre emploi actuel à temps plein ou à temps partiel, si les deux activités sont compatibles et non concurrentielles.

Comme nous le verrons, chaque situation présente des avantages et des inconvénients, mais si vous projetez de vous lancer dans un secteur professionnel identique ou proche de celui de votre employeur, votre premier réflexe doit consister à « éplucher » votre contrat de travail et votre convention collective pour vérifier que vous n'êtes pas soumis à une clause de non-concurrence, ou à une clause d'exclusivité.

La clause de non-concurrence

La clause de non-concurrence est une disposition du contrat de travail par laquelle le salarié s'interdit, lors de son départ de l'entreprise, d'exercer une activité susceptible de concurrencer son employeur.

L'obligation de loyauté à laquelle sont tenus les salariés vis-à-vis de leur employeur s'accompagne d'une obligation de fidélité, de discrétion, de réserve et de non-concurrence ! Elle doit être respectée pendant toute la durée du contrat de travail… et parfois après, lorsque le contrat contient une clause de non-concurrence.

En l'absence d'une telle clause, vous pourrez créer librement votre entreprise, à condition d'agir dans des conditions de loyauté parfaite : vous prendrez garde à ne pas créer de confusion dans l'esprit de votre clientèle, à ne pas débaucher vos anciens collègues, à ne pas utiliser les fichiers de votre ex-employeur… Celui-ci serait en droit d'exercer à votre encontre une action en concurrence déloyale, ce qui ne faciliterait pas le démarrage de votre entreprise !

Si, malheureusement, votre contrat de travail ou votre convention collective comprend une telle clause, sachez que celle-ci, pour être valable, doit respecter plusieurs critères :

- en premier lieu, elle doit être justifiée par l'intérêt de votre employeur : si, par exemple, vos fonctions actuelles excluent tout contact avec la clientèle de l'entreprise, celle-ci aura plus de difficultés à justifier une clause de non-concurrence draconienne ;
- en second lieu, elle ne saurait avoir pour conséquence de vous empêcher d'exercer une activité professionnelle conforme à votre formation et à vos connaissances. Pour apprécier ce critère,

les tribunaux prennent en compte la limitation de la clause dans le temps et dans l'espace, ainsi que la nature des activités visées par la clause. Pour un coiffeur par exemple, une clause de non-concurrence ne pourrait se justifier si elle concernait la France entière !

→ enfin, la clause doit obligatoirement comporter une contrepartie financière[1].

→ Comment réagir face à ce problème ?

Si votre contrat prévoit le versement d'une indemnité compensatoire, adressez à votre employeur un courrier lui demandant s'il entend appliquer la clause. S'il refuse de vous verser l'indemnité, vous serez alors libre.

S'il souhaite appliquer la clause, essayez de la négocier en apportant à votre employeur un certain nombre de garanties de loyauté et en mettant en avant les éventuelles retombées positives pour sa propre entreprise : collaboration future, sous-traitance...

Si aucune négociation n'est possible, envisagez de différer votre projet et profitez par exemple de ce délai imposé (la clause est limitée dans le temps !) et rémunéré pour vous former. Il existe d'ailleurs différents moyens de faire financer une formation : renseignez-vous auprès du Pôle emploi (ANPE) ou directement auprès des organismes de formation susceptibles de vous intéresser.

1. Arrêt de la Cour de cassation du 10 juillet 2002.

La clause d'exclusivité

Si vous êtes salarié à temps plein, votre contrat peut comporter une clause d'exclusivité vous interdisant d'exercer une activité professionnelle parallèle pendant la durée de votre contrat de travail. Cette clause ne doit pas être confondue avec la clause de non-concurrence qui ne prend effet qu'à compter de la rupture effective du contrat de travail. Là encore, pour être valable, la clause doit être indispensable à la protection des intérêts légitimes de l'entreprise et justifiée par la nature de votre fonction : commercial, ingénieur, VRP à plein temps, cadre de direction, par exemple.

Si vous vous trouvez dans cette situation, sachez qu'une nouvelle disposition[1] vous permet de tester la création ou la reprise d'une entreprise pendant un an, malgré l'existence de cette clause, à condition que vous respectiez votre obligation de loyauté à l'égard de votre employeur. Au terme de cette durée d'un an, vous pourrez alors choisir entre votre emploi de salarié « exclusif » ou votre nouvelle activité d'entrepreneur.

Vous souhaitez faire une pause dans votre carrière et vous consacrer pleinement à votre projet, mais vous ne vous sentez pas suffisamment mûr pour rompre définitivement les liens qui vous unissent à votre employeur ? La solution se trouve peut-être dans le congé création d'entreprise ou le congé sabbatique.

Démission ou non ?

La démission pour création d'entreprise est désormais reconnue par le Pôle emploi (Assedic). Si vous envisagez de démissionner pour créer votre entreprise, vous pourrez être indemnisé en cas de cessation d'activité de l'entreprise dans un délai de trois ans à compter de la rupture de votre contrat de travail.

1. Article 15 de la loi n° 2003-721 du 1er août 2003 pour l'initiative économique.

Pour bénéficier de ce dispositif, l'activité doit prendre fin involontairement en raison de difficultés économiques.

p. 173

Attention cependant, la démission pour création d'entreprise ne vous permet pas de prétendre à une indemnisation avant la création de votre entreprise, ni à la mesure d'exonération de charges sociales réservée aux chômeurs créateurs (Accre : aide aux chômeurs créateurs d'entreprises).

Le congé création d'entreprise ou le congé sabbatique

Ces congés vous permettent de suspendre votre contrat de travail pour une période prolongée, tout en ayant l'assurance de retrouver, à leur issue, un poste équivalent en termes de qualification et de salaire dans l'entreprise.

Soyez cependant réaliste, le retour dans l'entreprise ne se passe pas toujours aussi bien que prévu : votre employeur aura dû s'organiser pour parer à votre absence et il ne verra peut-être pas votre retour d'un très bon œil… Tout dépend de la façon dont vous lui aurez présenté votre demande et des relations que vous entretenez avec lui.

Le congé création d'entreprise

Attention, pendant votre congé, votre contrat de travail est suspendu, mais certaines obligations demeurent, en particulier les obligations de discrétion et de non-concurrence.

C'est un dispositif que vous pouvez utiliser si vous justifiez d'une ancienneté de 24 mois au moins, consécutifs ou non dans l'entreprise.

Intéressant : il vous est désormais possible de demander à votre employeur un travail à temps partiel pour création ou reprise d'entreprise, dans les mêmes conditions que le congé création d'entreprise[1]. Cela peut vous permettre d'avoir la disponibilité pour préparer et démarrer votre nouvelle activité dans de bonnes conditions, tout en continuant à percevoir une partie de votre salaire.

La durée du congé — ou du temps partiel — est fixée à un an, renouvelable une fois. Vous devez informer votre employeur deux mois à l'avance, par lettre recommandée avec accusé de réception, de la date de votre départ, en précisant la nature de l'activité de l'entreprise que vous allez créer. Votre employeur est en droit de différer votre départ — ou temps partiel — dans la limite de 6 mois lorsque plusieurs autres salariés bénéficient déjà de ce dispositif ou d'un congé sabbatique.
Si l'entreprise qui vous emploie compte moins de 200 salariés, sachez que votre employeur peut vous opposer un refus s'il estime, après avis des représentants du personnel, que votre départ aura des conséquences préjudiciables pour l'entreprise, ou que l'activité que vous envisagez concurrence la sienne.

Certaines grandes entreprises pratiquent une politique d'essaimage visant à faciliter la création d'entreprises par leurs salariés. L'essaimage peut concerner l'externalisation de services, d'ateliers ou bien la création d'entreprises sans aucun rapport avec le secteur professionnel d'origine.
Ce soutien revêt plusieurs formes variant du « coup de pouce » au « pont d'or » : conseil, accueil, accompagnement, parrainage, formation, disponibilité, aide financière...
Si vous travaillez dans ce type d'entreprise, renseignez-vous auprès de votre direction des ressources humaines.

Enfin, si vous n'obtenez pas de réponse de votre employeur dans un délai de 30 jours, l'accord de ce dernier sera réputé acquis[2].

Le congé sabbatique

Sa durée est fixée à 6 mois minimum et à 11 mois maximum. Il peut précéder un congé création d'entreprise. Pour en bénéficier, vous

1. et 2. Article 17 de la loi n° 2003-721 du 1er août 2003 pour l'initiative économique.

devez avoir 36 mois d'ancienneté et justifier d'une activité professionnelle de 6 ans minimum. L'avantage du congé sabbatique est que vous n'avez pas à préciser la raison pour laquelle vous le demandez. Votre employeur pourra différer ou refuser votre demande dans les mêmes conditions que celles exposées ci-dessus pour le congé création d'entreprise.

Le cumul d'activités

Vous pouvez enfin envisager de conserver votre emploi de salarié tout en créant votre micro-entreprise. Des dispositions législatives ont d'ailleurs été votées pour faciliter cette démarche et en diminuer le coût : comme nous l'avons vu précédemment, si votre contrat de travail comporte une clause d'exclusivité, elle ne pourra vous être opposée pendant un an. Par ailleurs, pendant cette même période, vous serez exonéré de cotisations sociales dans la limite d'un plafond de revenus fixé à 120 % du Smic, si vous justifiez d'un nombre minimal d'heures d'activité salariée ou assimilée : 910 heures au cours des 12 mois précédant l'immatriculation de l'entreprise et 455 heures dans les 12 mois suivants[1].

Vous pouvez enfin opter pour le régime de l'auto-entrepreneur qui vous permet de démarrer avec un minimum de formalités et de payer vos charges sociales et fiscales au fur et à mesure de vos encaissements… et uniquement en cas d'encaissements ! C'est un régime très souple, totalement adapté aux salariés qui souhaitent compléter leurs revenus en exerçant une petite activé indépendante ne nécessitant pas d'investissements ou d'achats de stocks

1. Article 16 de la loi n° 2003-721 du 1er août 2003 pour l'initiative économique.

importants. Vous pouvez adopter ce régime d'emblée ou attendre la fin de la période d'exonération visée ci-dessus. À vous de voir en fonction des éléments que vous trouverez dans le cahier spécial consacré à l'auto-entrepreneur !

p. 259 et 278

Mais attention, veillez à éviter tout conflit avec votre employeur : n'empiétez pas sur vos horaires de travail et ne démarchez pas sa clientèle à vos fins personnelles… Ce ne sont que des conseils de bon sens !

Statut de fonctionnaire : les règles exposées sont celles applicables en janvier 2009. Elles devraient être modifiées en cours d'année. Suivez l'actualisation de cet ouvrage sur www.leguidedelamicro-entreprise.fr

Vous avez un statut de fonctionnaire

Bonne nouvelle ! La législation vient d'évoluer favorablement et le gouvernement prépare de nouvelles mesures qui devraient vous permettre très prochainement de créer une entreprise sans limitation de durée.

Le cumul d'activités

Vous pouvez pour le moment cumuler votre emploi pendant un an maximum (délai renouvelable une fois) avec la création d'une entreprise[1].

Comment faire ? Il vous suffit d'adresser une déclaration écrite à l'autorité administrative dont vous relevez, deux mois au moins avant la date de création de l'entreprise. Cette déclaration doit mentionner la forme et l'objet social de l'entreprise ainsi que son secteur et sa branche d'activité, et, le cas échéant, les subventions publiques dont elle bénéficie. Elle sera soumise pour avis à une

1. Loi de modernisation de la fonction publique du 2 février 2007. Décret n° 2007-658 du 2 mai 2007.

commission de déontologie qui examinera la compatibilité de l'activité envisagée avec vos fonctions.

À noter : la limite de 2 ans visée ci-dessus (renouvellement compris) ne s'applique pas :

- lorsque l'activité consiste à produire des œuvres de l'esprit ;
- pour les membres du personnel enseignant, technique ou scientifique des établissements d'enseignement et les personnes pratiquant des activités à caractère artistique, qui exercent parallèlement une profession libérale découlant de la nature de leur fonction.

L'exercice d'activités accessoires

Vous pouvez désormais également cumuler certaines activités accessoires avec votre activité principale, sous réserve que ces activités ne portent pas atteinte au fonctionnement normal, à l'indépendance ou à la neutralité de votre service.

→ Si vous travaillez actuellement à temps complet, ou à temps partiel supérieur à un mi-temps, vous ne pouvez exercer que les activités professionnelles accessoires suivantes :

- expertises ou consultations auprès d'une entreprise ou d'un organisme privé,
- enseignement ou formation,
- certaines activités agricoles,
- travaux ménagers de peu d'importance réalisés chez des particuliers,
- activité de conjoint collaborateur au sein d'une entreprise artisanale ou commerciale.

Pour bénéficier de cette possibilité, adressez une demande d'autorisation à l'autorité administrative dont vous relevez.

→ Si vous travaillez à temps partiel inférieur à un mi-temps, la réglementation est plus souple : vous pouvez en principe cumuler vos fonctions avec toute activité privée, après en avoir simplement informé l'administration.

La mise en disponibilité

Si vous avez besoin de temps pour vous consacrer à la préparation et au développement de votre projet, vous pouvez demander une mise en disponibilité pour création d'entreprise. Il s'agit d'un congé non rémunéré de 2 ans maximum, accordé sur autorisation. Renseignez-vous auprès de votre service du personnel.

Le service à temps partiel

Vous avez maintenant la possibilité de demander à passer à temps partiel en cas de création ou de reprise d'entreprise (pour une durée qui ne pourra pas être inférieure à un mi-temps).

La durée maximale d'application du temps partiel est d'1 an, renouvelable une fois.

Votre nouvelle activité ne doit naturellement ni entraîner de conflits d'intérêts, ni remettre en cause la neutralité du service dans lequel vous exercez habituellement vos fonctions.

La démission

Vous envisagez peut-être de quitter vos fonctions pour vous consacrer totalement à votre future entreprise ? Dans ce cas, sachez que vous devrez déclarer votre projet à votre administration au plus tard un mois avant la cessation de vos fonctions.

Une bonne nouvelle si vous relevez de la fonction publique d'État et si vous êtes à plus de 5 ans de la retraite : vous pouvez prétendre à une indemnité d'un montant maximal de 2 ans de rémunération brute annuelle, montant pouvant être modulé en fonction de votre ancienneté.

Le versement de cette indemnité se fait en deux temps : la moitié, à réception de l'extrait Kbis de votre entreprise, l'autre moitié à l'issue du premier exercice.

Pour obtenir cette prime, adressez à votre administration, avant de présenter votre démission, une demande d'attribution d'indemnité de départ volontaire en précisant que vous souhaitez créer ou reprendre une entreprise.

Pour toute information complémentaire sur cette mesure, rapprochez-vous de la direction des ressources humaines de votre administration ou des représentants du personnel ou encore d'une organisation syndicale.

Vous êtes demandeur d'emploi indemnisé

Important ! Une nouvelle convention d'assurance chômage vient d'être signée, modifiant les règles d'indemnisation des demandeurs d'emploi. Les règles exposées ici concernant les chômeurs créateurs ne devraient pas être remises en cause de manière conséquente. Il est néanmoins prudent de vous rapprocher du Pôle emploi pour vérifier vos droits.

Profitez de cette période pour préparer au mieux votre projet : les conditions sont idéales. Vous continuerez à percevoir vos allocations de chômage, les démarches accomplies en vue de la création d'une entreprise constituant des actes positifs de recherche d'emploi.

Le maintien partiel de vos allocations

Une fois votre entreprise immatriculée, vous pourrez continuer à percevoir vos indemnités pendant la phase de démarrage de l'activité si vous restez inscrit comme demandeur d'emploi et si votre nouvelle activité ne vous rapporte pas plus de 70 % du salaire qui a servi de base au calcul de vos allocations chômage. Cette possibilité de cumul ne peut excéder ni 15 mois, ni la durée de vos droits. Cette limite de 15 mois ne s'applique pas si vous avez 50 ans ou plus.

Le cumul est en principe partiel. L'Assedic déduira de votre allocation mensuelle un nombre de jours déterminé en divisant le montant de vos gains mensuels par votre salaire journalier de référence. Ce nombre sera minoré de 20 % si vous avez 50 ans ou plus. Le nombre de jours ainsi obtenu sera décompté, mais non perdu pour vous, car vos droits seront reportés d'autant.

Cumul de vos revenus et des indemnités Assedic. Par exemple, si votre nouvelle activité vous procure 1 000 € de revenu mensuel et que votre salaire de référence est de 60 €, l'Assedic retranchera de votre allocation 16 jours (1 000/60 = 16). Si vous avez 50 ans ou plus, ce nombre sera ramené à 13 jours.

Si vous êtes gérant de SARL non rémunéré, transmettez à l'Assedic le procès-verbal d'assemblée générale attestant que vous n'êtes pas rémunéré. De nombreuses antennes Assedic acceptent de maintenir l'intégralité de l'allocation dans un tel cas.

Dans le cas d'une entreprise individuelle, vos gains mensuels ne seront pas connus. L'Assedic déterminera alors provisoirement le nombre de jours non indemnisables à partir d'une rémunération forfaitaire fixée à 567 € par mois la première année d'activité et à 850 € la deuxième (montants 2009). Une régularisation interviendra l'année suivante, une fois vos revenus professionnels connus.

Vous avez peur de perdre définitivement vos allocations ? Rassurez-vous, en cas d'échec, vous pourrez vous réinscrire à l'ANPE et retrouver le solde de vos droits pendant une période fixée à la durée de la période d'indemnisation à laquelle vous avez droit, augmentée de 3 ans de date à date.

Le versement d'un capital

Une autre possibilité s'offre à vous : demander le versement de la moitié de vos droits à l'assurance chômage sous forme de capital.

Cette somme vous sera versée pour moitié lors de l'immatriculation de l'entreprise, et pour moitié six mois après le début de votre activité.

Pour en bénéficier, vous devrez :

- signaler votre projet de création ou de reprise d'entreprise au Pôle emploi ;
- avoir obtenu l'Accre.

p. 173

Vous êtes en cours de licenciement

Tentez de négocier avec votre employeur une dispense totale ou partielle de préavis afin de disposer de tout votre temps pour préparer votre projet. Si ce n'est pas possible, soyez attentif à ne pas empiéter sur vos horaires de travail et à ne pas causer de préjudice à votre employeur pendant votre période de préavis. Faites attention à la présence ou non d'une clause de non-concurrence dans votre contrat de travail.

Votre situation au regard de l'assurance chômage est la suivante : vous disposez d'une période de 36 mois à compter de la rupture de votre contrat de travail pour demander l'ouverture de vos droits.

Vous percevez le RMI ou une allocation de solidarité (allocation de solidarité spécifique, allocation d'insertion)

La création d'une micro-entreprise peut être la solution pour vous sortir de cette situation difficile et rebondir. Ayez confiance en vous, beaucoup d'autres ont tenté l'aventure et ont réussi. Il existe de plus en plus d'associations et d'organismes qui pourront vous aider à évaluer les chances de succès de votre projet et à lui faire prendre forme.

p. 220

Par ailleurs, vous pourrez percevoir une prime de retour à l'emploi de 1 000 euros (jusqu'au 31 mai 2009) et conserver tout ou partie de vos allocations selon des modalités qui diffèrent en fonction du type d'allocation concerné.

→ Si vous percevez le RMI : vous continuerez à le toucher en totalité pendant 3 mois. Ensuite, du quatrième au douzième mois, son montant sera diminué du montant de vos revenus professionnels. En contrepartie, vous percevrez une prime forfaitaire mensuelle de 150 € (225 € pour un couple).

Attention ! Le revenu de solidarité active (RSA) se substituera, à partir du 1er juin 2009, au RMI et à l'API. La prime de retour à l'emploi sera quant à elle supprimée pour les activités professionnelles qui débuteront après cette date.

→ Si vous percevez l'API (allocation de parent isolé) : vous continuerez à la toucher en totalité pendant trois mois. Ensuite, du quatrième au douzième mois, son montant sera diminué du montant de vos revenus professionnels. En contrepartie, vous percevrez une prime forfaitaire mensuelle de 225 €.

→ Si vous percevez l'ASS (allocation de solidarité spécifique) et bénéficiez de l'Accre : l'Assedic vous versera pendant 12 mois une aide équivalente à l'ASS.

→ Si vous percevez l'ASS et ne pouvez prétendre à l'Accre : vous continuerez à toucher l'ASS en totalité pendant 3 mois. Ensuite, du quatrième au douzième mois, son montant sera diminué du montant de vos revenus professionnels. En contrepartie, vous percevrez une prime forfaitaire mensuelle de 150 €.

Dans tous les cas, rapprochez-vous de l'organisme qui vous verse votre prestation pour connaître la procédure à respecter.

Vous êtes retraité

> *Vous êtes retraité de la fonction publique ? La réglementation s'est considérablement assouplie ! Vous pouvez désormais créer ou reprendre une entreprise en conservant l'intégralité de votre pension.*

Vous disposez de nombreux atouts pour créer une entreprise : vous avez l'expérience, un carnet d'adresses, du temps libre, la sécurité d'une pension… Profitez-en !

Les règles de cumul de vos revenus et de votre pension de retraite sont simplifiées. L'impact de la reprise d'activité sur votre pension varie en fonction :

- du régime qui verse votre retraite (régime salarié ou indépendant) ;
- et du régime d'affiliation au titre de votre nouvelle activité.

Si ces deux régimes sont différents, vous conserverez intégralement votre pension de retraite. Dans le cas contraire, son maintien sera soumis à conditions.

- Vous étiez salarié et vous reprenez une activité salariée (gérant minoritaire ou égalitaire de SARL par exemple) : vous ne conserverez l'intégralité de votre pension que si le montant total de vos ressources (pensions et revenus professionnels) est inférieur à votre dernier salaire brut.
- Vous étiez indépendant (travailleur non salarié, TNS) et vous reprenez une activité non salariée (entrepreneur individuel ou gérant majoritaire de SARL par exemple) : votre retraite de base sera suspendue si vos revenus professionnels sont supérieurs à 17 154 € (en 2009). Ce plafond est doublé si vous vous implantez dans une zone de revitalisation rurale (ZRR) ou dans une

zone urbaine sensible (ZUS). Quant à votre retraite complémentaire, elle sera tout simplement suspendue.

→ Vous exerciez une profession libérale : les règles de cumul varient en fonction des branches professionnelles. Il est donc vivement recommandé de vous rapprocher de votre caisse pour vérifier vos droits.

Avez-vous le tempérament et les compétences nécessaires pour mener à bien votre projet ?

C'est en effet le bon moment pour vous poser cette délicate question. La création d'une micro-entreprise nécessite des compétences variées, sur le plan humain, commercial, technique, financier et très souvent informatique.

> *En tant que micro-entrepreneur, vous allez devenir un homme ou une femme « à tout faire » ! Vous devez en avoir conscience et être capable de vous organiser en conséquence. Toutes les fonctions de l'entreprise reposeront sur vous : vous serez à la fois le directeur commercial et le vendeur, le directeur financier et le secrétaire, le directeur technique et le manutentionnaire, le responsable informatique, et bien sûr le « PDG » qui représentera l'entreprise vis-à-vis des tiers.*

Vous serez seul, dans la plupart des cas, pour produire vos biens ou vos services, pour les vendre, gérer votre entreprise, et prendre des décisions stratégiques importantes.

Faites le bilan, sans complaisance, de votre personnalité, de vos connaissances et compétences, si possible en vous faisant aider par un de vos proches ou par un conseiller en création d'entreprise.

→ Vous allez peut-être quitter l'univers protecteur de la grande entreprise, êtes-vous prêt à vivre dans un environnement où règnent l'imprévu et l'aléatoire ?

→ Si vous avez été habitué à travailler en équipe, vous sentez-vous capable de prendre seul et rapidement des décisions importantes ?

- → Saurez-vous vous remettre en cause, changer de stratégie le cas échéant ?
- → Êtes-vous suffisamment motivé pour faire passer l'entreprise avant vous et accepter certains sacrifices en termes de loisirs ou de revenus ?
- → Votre santé est-elle compatible avec les exigences de votre projet ? Pourrez-vous faire face à des périodes d'intense charge de travail ?
- → Vous envisagez peut-être de travailler chez vous, serez-vous capable de vous organiser pour ne pas vous laisser déborder par des tâches quotidiennes ? Aurez-vous la rigueur nécessaire ?

> *Vous connaissez certainement des personnes qui ont récemment créé une petite entreprise ? Allez à leur rencontre et questionnez-les ! Elles pourront témoigner de leurs satisfactions mais aussi des difficultés qu'elles ont rencontrées.*

- → Connaissez-vous suffisamment bien toutes les facettes de votre métier pour pouvoir l'exercer de manière indépendante ?
- → Avez-vous des compétences en matière de vente, de gestion, etc. ? Pensez-vous avoir un mental à toute épreuve pour aborder différentes négociations, tant avec vos fournisseurs qu'avec vos futurs clients ?
- → Connaissez-vous bien les différents circuits de distribution ainsi que leurs coûts ?
- → Saurez-vous négocier un emprunt bancaire ?

La réponse à ces différentes questions doit vous permettre d'adapter votre projet à votre personnalité et d'envisager, le cas échéant, une formation complémentaire.

Plusieurs types de formation sont possibles.

→ Une formation « généraliste » d'accompagnement à la création d'entreprise qui vous permettra de prendre du recul par rapport à votre projet, de vérifier sa cohérence, de le soumettre aux critiques d'autres stagiaires, de construire ainsi votre argumentaire. Ce type de formation est proposé par les chambres de commerce et d'industrie, les chambres de métiers, les boutiques de gestion, les comités d'expansion économiques et beaucoup d'autres organismes publics ou privés. Son coût peut, dans certains cas, être financé par différents canaux : Pôle emploi, Fongecif, conseils régionaux...

→ Une formation ciblée en fonction de votre projet et de vos lacunes : comptable, juridique, commerciale, informatique...

Votre activité professionnelle passée et vos diplômes ne correspondent pas à votre projet ? Recherchez ce qui, dans votre expérience antérieure, peut de près ou de loin constituer un élément favorable par rapport à votre démarche : la création d'une association, des fonctions de trésorier d'un club sportif, une activité commerciale occasionnelle... Cela vous sera utile si vous devez présenter votre projet à des administrations ou à un établissement de crédit.

Pour obtenir des renseignements et documentations sur les formations disponibles, trois organismes à connaître :

- *Centre Inffo, www.centre-inffo.fr*
- *Carif-Oref, www.intercarif.net*
- *Afpa, www.afpa.fr*

Votre famille, votre patrimoine

Créer une micro-entreprise va entraîner des changements dans votre vie familiale.

Au début, vous aurez sans doute moins de temps à consacrer à votre famille, sauf si votre motivation première est de travailler chez vous pour être en permanence avec vos enfants. Mais, même dans ce cas et même si votre conjoint ne compte pas intervenir directement dans votre activité professionnelle, il est important qu'il (qu'elle) vous soutienne moralement et vous aide à franchir les périodes difficiles. Il y en aura forcément !

Si vous êtes marié ou si vous vivez maritalement, il est essentiel que votre conjoint vous soutienne et adhère totalement à votre projet. Si ça ne marche pas... il vous réconfortera. Et si ça marche... il sera heureux et fier d'avoir contribué à votre réussite !

Ce soutien est particulièrement souhaitable si vous êtes marié sous le régime légal de la communauté réduite aux acquêts : vous allez en effet engager, non seulement vos biens personnels, mais également les biens de la communauté, c'est-à-dire vos comptes en banque et les biens que vous avez acquis, vous et votre conjoint, depuis la date de votre mariage.

Attardons-nous quelques instants sur le régime matrimonial, car s'il a des incidences sur votre conjoint, il en a également sur votre entreprise, un régime séparatiste vous assurant une plus grande autonomie de gestion.

Le régime légal de la communauté réduite aux acquêts

Ce régime s'applique à tous les époux mariés depuis le 1er février 1966 qui n'ont pas passé de contrat devant un notaire. Il comporte trois masses distinctes de biens : les biens propres du mari, les biens propres de la femme et les biens communs aux deux époux. Les biens propres sont ceux acquis avant le mariage ou reçus par succession ou donation. Les biens communs sont ceux acquis après le mariage, comprenant notamment les gains et salaires du couple ainsi que les revenus de leurs biens propres (loyers d'un appartement par exemple).

Vous projetez de vous marier ? Il n'y a pas à hésiter : la séparation des biens ou la participation aux acquêts s'impose !

Ce que vous devez savoir :

- Vous aurez seul le pouvoir de gérer votre entreprise. Cependant, si elle a été créée après votre mariage, l'accord de votre conjoint sera nécessaire en cas de cession de votre entreprise (ou des parts de votre société).
- En cas de divorce, et là encore si votre entreprise a été créée après votre mariage avec l'argent de la communauté, votre conjoint aura droit à la moitié de sa valeur…
- Vous engagez dans votre affaire vos biens propres naturellement, mais aussi les biens de la communauté (y compris les revenus professionnels de votre conjoint).

> *À savoir !*
> *Une disposition de la loi pour l'initiative économique permet aux entrepreneurs individuels de déclarer leurs biens immobiliers insaisissables par les créanciers de l'entreprise. Cette déclaration est effectuée devant notaire et publiée au bureau des hypothèques.*

- En cas de création d'une société, si vous devez vous porter personnellement caution, seuls vos biens propres et leurs revenus seront engagés. Les biens communs le seront uniquement si votre époux donne son accord dans l'acte de caution.

Le régime de la séparation de biens

Ce régime fait l'objet d'un contrat de mariage établi devant un notaire. Il ne comporte que deux masses distinctes de biens : les biens propres du mari et les biens propres de la femme.

Ce que vous devez savoir :

- Vous aurez seul le pouvoir de gérer votre entreprise et de la céder.
- Un éventuel divorce n'aura aucune incidence sur votre entreprise. Toutefois, les juges peuvent accorder une indemnité au

conjoint non exploitant lorsqu'il est prouvé qu'il a participé bénévolement à l'activité de l'entreprise.

→ Seuls vos biens propres sont engagés. Vous ne mettez donc pas « en danger » la totalité des biens de la famille !

Ce régime est protecteur tant qu'il n'y a pas de « dol », c'est-à-dire tant qu'il n'est pas prouvé que vous l'avez choisi pour organiser votre insolvabilité. Imaginez que votre conjoint ne travaille pas, qu'il n'ait ni revenus, ni fortune personnelle. Si tous les biens de votre couple sont à son nom, il sera très facile, en cas de dépôt de bilan, de prouver que son compte bancaire a été alimenté grâce aux revenus tirés de votre entreprise. La protection, dans un tel cas, ne jouera donc pas.

Le régime de la participation aux acquêts

Ce régime peut constituer un compromis entre le régime légal et celui de la séparation de biens en réunissant les avantages de l'un et de l'autre. Il fait également l'objet d'un contrat établi devant un notaire. Pendant le mariage, tout se passe comme si les époux étaient en séparation de biens. Mais à sa dissolution, une évaluation de l'enrichissement de chacun des deux patrimoines, entre le jour du mariage et le jour de la dissolution, est effectuée : l'époux dont le patrimoine s'est le moins enrichi a le droit de percevoir une partie de l'augmentation du patrimoine de son conjoint, que l'on appelle « créance de participation ».

Vous souhaitez changer votre régime matrimonial ? C'est possible s'il a été appliqué pendant au moins deux ans. Cette procédure nécessite :

- *l'intervention d'un notaire pour la rédaction du contrat de mariage ;*
- *le recours à un avocat pour le faire « homologuer » par le tribunal de grande instance.*

Ce que vous devez savoir :

→ Vous aurez seul le pouvoir de gérer votre entreprise et de la céder.

→ En cas de divorce, l'entreprise pourrait être mise en péril si, pour payer la créance due à votre ex-conjoint, vous vous trouviez dans l'obligation de la vendre... Pour parer à cet inconvénient, il est conseillé d'insérer dans le contrat une clause indiquant que les biens professionnels sont exclus de la créance de participation. Ainsi, en cas de divorce, votre conjoint ne pourra rien réclamer sur l'entreprise elle-même, mais il aura droit à la moitié des autres biens (maison, appartement, compte bancaire privé...).

→ Seuls vos biens propres sont engagés. Vous n'apportez donc pas en garantie la totalité des biens de la famille !

Le changement prend effet immédiatement entre vous et votre conjoint et au bout de trois mois à l'égard des tiers. Son coût peut être relativement élevé, car aux honoraires d'avocat et de notaire s'ajoutent des droits d'enregistrement proportionnels à la valeur de votre patrimoine.

Le régime de la communauté universelle

Dans ce régime, tous les biens que les époux possèdent au jour du mariage et ceux qu'ils pourront acquérir par la suite ne forment qu'une seule masse commune. De même, toutes les dettes des deux époux sont à la charge de la communauté. Vous avez donc compris : à éviter absolument !

Vous avez contracté un PACS (pacte civil de solidarité) ? Les biens acquis en cours de vie commune sont en principe indivis, sauf si vous en avez décidé autrement. Il sera donc prudent d'établir, avec votre partenaire, une déclaration commune par laquelle vous reconnaissez le caractère propre, c'est-à-dire non indivis, de votre entreprise.

Votre nationalité vous impose-t-elle certaines démarches particulières ?

La réglementation vient d'évoluer. La carte de commerçant étranger a été supprimée, mais en fonction de votre situation, vous aurez peut-être d'autres démarches à effectuer.

→ **Vous êtes ressortissant de l'Union européenne, de la Confédération suisse, de la Norvège, du Liechtenstein ou de l'Islande**

Vous pouvez librement créer votre entreprise et résider en France. Une seule obligation vous concerne : vous faire enregistrer en mairie dans les trois mois suivant votre arrivée.

→ **Vous êtes ressortissant d'un autre pays et résidez en France**

Vous pourrez créer une entreprise commerciale ou artisanale si vous êtes titulaire :

- d'une carte de résident ;
- d'une carte de résident « longue durée – CE » ;
- d'une carte de résident algérien de dix ans ou « vie privée et familiale » ;
- d'une carte de séjour temporaire « vie privée et familiale » ;
- ou d'une carte de séjour temporaire portant mention de votre future activité. Pour obtenir cette carte, vous devrez fournir à la préfecture les justificatifs permettant d'évaluer la viabilité économique de votre projet. Si votre dossier est complet, un récépissé vous sera délivré. Il vous permettra d'effectuer les formalités de création de votre entreprise.

- **Vous êtes ressortissant d'un autre pays et ne résidez pas encore en France**

  Vous devez vous rapprocher de l'ambassade ou du consulat français pour obtenir un visa long séjour, puis solliciter l'obtention d'une carte de séjour temporaire portant mention de votre activité.

- **Vous êtes ressortissant d'un autre pays et ne souhaitez pas résider en France**

  Vous devez alors faire une déclaration à la préfecture du département dans lequel vous envisagez d'exercer votre activité.

Avez-vous eu des démêlés avec la justice ?

Rassurez-vous, si vous avez été pris en flagrant délit de conduite en état d'ivresse, vous pourrez tout de même créer votre micro-entreprise.

Toutefois, certaines peines peuvent vous empêcher d'exercer une activité commerciale ou de diriger une société[1].

Ce sera le cas :

- si vous avez été condamné pour un crime de droit commun ;
- si vous avez été condamné à un emprisonnement d'au moins trois mois sans sursis pour un certain nombre d'infractions : vol, escroquerie, usure, fraude ou falsifications, abus de confiance, recel, attentat aux mœurs, etc. ;

> *L'auto-entrepreneur est-il concerné par cette règlementation ?*
> *Oui, un auto-entrepreneur est avant tout un entrepreneur individuel soumis aux mêmes obligations que ce dernier. En cas de condamnation, les règles exposées dans ces paragraphes s'appliqueront à lui de la même façon.*

1. Loi du 30 août 1947.

→ si vous avez fait l'objet d'une interdiction de diriger une entreprise ou d'une faillite personnelle.

Votre activité est artisanale ? Vous n'êtes pas concerné par cette réglementation, sauf en cas d'activité mixte (artisanale et commerciale). Cependant vous ne devez pas avoir fait l'objet d'une interdiction de diriger dans le cadre d'une précédente procédure de redressement ou de liquidation judiciaire.

Précisons qu'à cette réglementation se superpose un autre texte encore plus sévère pour les dirigeants de société et notamment pour les gérants d'EURL et de SARL[1]. Renseignez-vous auprès de votre chambre de commerce et d'industrie.

En revanche si vous êtes interdit bancaire, rien ne s'oppose en théorie à ce que vous dirigiez une entreprise. Néanmoins, en pratique, vous rencontrerez des difficultés à trouver une banque qui acceptera de vous ouvrir un compte professionnel.

Vous serez vraisemblablement obligé de vous rapprocher de la Banque de France qui désignera un établissement bancaire chargé de vous ouvrir un compte « caisse », c'est-à-dire limité :

→ aux versements et aux retraits d'argent ;

→ éventuellement, aux prélèvements et virements bancaires.

En aucun cas vous ne pourrez utiliser de chéquier.

▷ Quelle est votre idée ?

Vous vous sentez désormais prêt à prendre votre destin en main. Après avoir identifié vos atouts, vos faiblesses et vos contraintes en tant qu'entrepreneur, penchez-vous sérieusement sur votre idée. Qu'elle soit née de votre expérience, de votre savoir-faire, de votre créativité, ou d'un simple concours de circonstances, elle ne repré-

1. Décret-loi du 8 août 1935.

sente pour le moment rien de bien concret. Vous allez devoir la formaliser et la transformer progressivement en projet.

Présentez votre idée

Vous savez ce que vous voulez faire, vendre ou produire, mais serez-vous capable de l'expliquer aux différents interlocuteurs que vous rencontrerez tout au long de votre parcours : conseillers, opérateurs économiques, fournisseurs potentiels, clients, banquiers ? Il est capital que vous soyez compris et convaincant !

Pour cela, un excellent exercice consiste à définir votre idée par écrit. Vous éclaircirez ainsi certains points et mettrez en évidence des incohérences.

La tentation de vouloir garder son idée pour soi de peur de se la faire pirater est grande ! Ne tombez pas dans ce piège et parlez de votre projet autour de vous. Les réactions et objections de vos interlocuteurs vous seront utiles pour améliorer votre projet et construire votre argumentaire commercial !

Et puis, n'hésitez pas à vous rapprocher des spécialistes de la création d'entreprise : tenus au secret professionnel, ils sont là pour vous écouter et vous aider à construire votre projet ! Dans la plupart des cas, le recours à leurs services est gratuit ou financé par des dispositifs nationaux ou régionaux.

Une présentation personnelle

Commencez par vous présenter en indiquant vos nom, prénom, âge, formation, expérience et motivations : réaliser un projet qui vous tient à cœur depuis longtemps, être autonome, gagner de l'argent, travailler chez vous, utiliser votre savoir-faire, vivre de votre passion…

Une description succincte de votre idée

À ce stade, il ne s'agit que d'un premier descriptif sommaire qui s'enrichira au fur et à mesure de votre étude de faisabilité. Il doit être simple, clair et précis.

Mentionnez les données que vous êtes déjà en mesure de fournir sur votre projet :

→ Quels services allez-vous rendre, quels produits allez-vous vendre, quels objets allez-vous fabriquer ?

→ Sont-ils innovants ? Qu'est-ce qui les distingue des autres services et produits existants ?

→ Quelle sera votre clientèle : particuliers, entreprises, collectivités, État… ?

Type et secteur d'activité

Précisez votre type d'activité ainsi que son secteur. Cela vous sera utile pour rechercher des informations auprès des bons interlocuteurs, pour identifier les aides auxquelles vous pouvez prétendre et pour effectuer plus tard vos démarches de création d'entreprise. Beaucoup de confusions sont faites entre des notions voisines : services, activités libérales…

S'agit-il d'une activité de vente, de production ou de prestation de services ?

→ **Les activités de vente :** dans ce type d'activité, les produits vendus ne sont ni modifiés, ni transformés. Il s'agit principalement :

- des activités d'achat pour revente, qualifiées de « négoce pur ». Exemple : vente de vêtements ou d'objets en magasin, sur les marchés, en réunion ou directement au domicile des gens ;
- des activités de vente en qualité d'intermédiaire lorsque vous n'achetez pas vous-même ce que vous vendez. Exemple : dépôt-vente de vêtements ou de meubles ;
- des activités de vente « clés en mains », lorsque la vente nécessite une adaptation ou une installation. Exemple : vente et pose d'antennes ou de systèmes d'alarme.

Précisez, s'il y a lieu, les spécificités de votre projet : activité sédentaire, commerce ambulant, caractère saisonnier, lié à l'import/export…

→ **Les activités de production :** elles consistent à créer, à transformer, à rénover ou encore à réparer. Il peut s'agir de production technique, artistique ou intellectuelle.
Exemples : fabrication d'objets décoratifs en bois ou en fer, travaux de gravure, création de dessins publicitaires, de bandes dessinées...

→ **Prestations de services :** ces activités consistent à mettre à disposition d'autres entreprises ou de particuliers des compétences, un savoir-faire ou une infrastructure particulière. Là encore, les domaines sont variés : il peut s'agir de prestations de services techniques, logistiques, intellectuelles, administratives...
Exemples : coiffure, secrétariat à domicile, transport de personnes, restauration, conseil en gestion, traduction, animation de soirées...

Dans quel secteur « juridique » : commercial, artisanal, libéral, artistique, agricole ?

→ Votre activité sera **commerciale** si elle consiste à acheter pour revendre. Certaines prestations de services sont également considérées comme commerciales : la restauration et l'hébergement, par exemple.

Les activités commerciales doivent faire l'objet d'une immatriculation au registre du commerce et des sociétés (RCS), tenu par le greffe du tribunal de commerce.

→ Votre activité sera **artisanale** si elle consiste en un travail de fabrication, transformation, réparation, ou à effectuer certaines prestations de services répertoriées dans une liste publiée par décret[1].

1. Décret n° 98-247 du 2 avril 1998 relatif à la qualification artisanale et au répertoire des métiers, et arrêté du 12 décembre 2003 fixant la liste des métiers de l'artisanat d'art.

Les entreprises artisanales sont immatriculées au répertoire des métiers tenu par leur chambre de métiers.
Le terme « d'artisan », ou de « maître-artisan », correspond, quant à lui, à un titre délivré par la chambre de métiers au vu des diplômes et de l'expérience professionnelle de l'entrepreneur.

Entrent dans cette catégorie notamment les métiers de l'alimentation, du bâtiment, et de nombreux services comme l'esthétique, la coiffure, le repassage, la couture...

Si vous devez recourir à des machines sophistiquées, votre activité pourra être classée dans le domaine « industriel » et relever de la chambre de commerce et d'industrie.

→ Votre activité sera **libérale** si elle consiste « en la pratique personnelle d'une science ou d'un art ». Sont visées les professions dans lesquelles l'activité intellectuelle joue le principal rôle. Il y a deux grandes catégories de professions libérales : celles qui sont dites « réglementées » et les autres.

Certaines activités sont dites « mixtes », commerciales et artisanales par exemple. C'est le cas du charcutier qui vend des produits d'alimentation non fabriqués par lui, du cordonnier qui vend des produits d'entretien, du coiffeur qui commercialise des produits de beauté, etc. Cette situation nécessite une double immatriculation : au registre du commerce et des sociétés et au répertoire des métiers.

- *Les professions libérales « réglementées »,* vous les connaissez bien : il s'agit des professions médicales (médecins, infirmiers, chirurgiens-dentistes...), des professions juridiques (avocats, notaires, huissiers...) et de certaines professions techniques (architectes, géomètres-experts...). Leurs membres doivent respecter des règles déontologiques strictes et sont soumis au contrôle d'instances professionnelles (ordre, chambre ou syndicat). Leur titre est protégé par la loi... et leur activité aussi. Veillez à ne pas empiéter sur leurs domaines respectifs si vous ne voulez pas avoir d'ennuis.

- *Les professions libérales « non réglementées »* regroupent tous les secteurs ne relevant ni du commerce, ni de l'artisanat, ni de l'agriculture, ni des professions libérales réglementées. Certaines de ces professions sont totalement libres (consultant, formateur, traducteur…), d'autres sont soumises à autorisation d'exercice (exploitant d'auto-école).

→ Votre activité sera **artistique** si elle consiste à produire des logiciels ou des œuvres littéraires, dramatiques, musicales, chorégraphiques, audiovisuelles, cinématographiques, photographiques, graphiques et plastiques.
Si c'est le cas, vous pourrez, sous certaines conditions, bénéficier du statut social spécifique des « artistes-auteurs », géré par la Maison des artistes et par l'Agessa.

p. 195

→ Enfin votre activité sera **agricole**[1] si elle concerne l'élevage ou la culture : élevage d'escargots par exemple.

Exemples d'activités classées par type et par secteur juridique

	Vente	Production	Services
Commerciale	Vente de vêtements d'enfants		Restauration
Artisanale		Menuiserie	Coiffure
Libérale		Production graphique	Conseil
Artistique		Bijouterie d'art	Photographie artistique

N'oubliez pas de préciser la date prévisible de démarrage de votre activité.

1. Les professions agricoles font l'objet d'un régime juridique, fiscal et social spécifique non traité dans cet ouvrage.

> *Si vous souhaitez vendre des chaussures pour enfants, ne laissez pas passer la rentrée des classes de septembre.*
>
> *Si vous vous lancez dans une activité de vente par correspondance de livres d'art, soyez prêt pour les fêtes de fin d'année…*

Il est naturellement préférable que vous vous accordiez un temps raisonnable pour préparer dans les meilleures conditions possibles votre projet.

Mais vous n'aurez peut-être pas le choix : si votre activité est liée à un événement ou à une saison particulière, soyez attentif à ne pas créer votre entreprise trop tard.

Votre activité est-elle réglementée ?

Cette phase peut vous prendre un peu de temps, mais elle est absolument nécessaire pour vous éviter des ennuis par la suite.

Vérifiez que votre activité ne nécessite pas l'obtention d'un diplôme, d'une carte professionnelle, d'une licence…

À titre d'exemple, il est imposé[1] un minimum de qualification (CAP ou BEP) ou d'expérience (trois ans minimum) pour exercer certains métiers de l'artisanat. Sont concernés :

> *Si votre activité est réglementée, vous ne pourrez pas vous y soustraire... même si vous adoptez le régime de l'auto-entrepreneur ! Cela ne vous dispense pas de respecter les règles d'accès à votre profession.*

- les réparateurs d'automobiles, les carrossiers, les réparateurs de cycles et motocycles, les réparateurs de matériels agricoles, forestiers et de travaux publics ;
- les métiers de la construction, de l'entretien et de la réparation des bâtiments ;
- les plombiers, chauffagistes, électriciens, climaticiens et installateurs de réseaux d'eau, de gaz ou d'électricité ;

1. Décret n° 98-247 du 2 avril 1998 relatif à la qualification artisanale et au répertoire des métiers.

→ les ramoneurs ;

→ les esthéticiens, les prothésistes dentaires ;

→ les boulangers, pâtissiers, bouchers, charcutiers, poissonniers et glaciers (préparation ou fabrication) ;

→ l'activité de maréchal-ferrant.

Pour obtenir des renseignements utiles sur les réglementations applicables, rapprochez-vous :

- de votre chambre de commerce et d'industrie, si votre activité est commerciale ;
- de votre chambre de métiers, si elle est artisanale ;
- des syndicats et organismes professionnels concernés ;
- du service d'action économique de votre préfecture ou de votre mairie ;
- de la Direction départementale de la concurrence, de la consommation et de la répression des fraudes (DDCCRF) ;

Quelques sites utiles pour trouver des infos sur la réglementation des activités :

- *APCE (informations sectorielles) : www.apce.com*
- *CCI de Paris (inforeg) : www.inforeg.ccip.fr*
- *CCI de Lyon (activités réglementées) : www.lyon.cci.fr*
- *CCI de Montpellier (CFE) : www.montpellier.cci.fr*
- *DGCCRF (fiches pratiques) : www.dgccrf.bercy.gouv.fr*

Par ailleurs, voici deux numéros de téléphone à connaître :

→ Allô Service Public : 39 39 (coût d'un appel local, à partir d'un téléphone fixe), du lundi au vendredi de 8 h à 20 h et le samedi de 8 h 30 à 18 h. Service de renseignement interministériel pour toutes les questions administratives.

→ Info services consommation : 0 820 202 203 (0,09 €/mn TTC), du lundi au vendredi de 9 h à 19 h et le samedi de 9 h à 14 h. Centre d'appels de la DGCCRF pour toutes les questions touchant au droit de la consommation.

Enfin, visitez le site Internet de la création d'entreprise : *www.apce.com.* Il contient une somme d'informations qui vous sera utile tout au long de l'élaboration de votre projet.

Vérifiez également que votre activité n'empiète pas le domaine réservé de certains professionnels

Vous êtes maître d'œuvre en bâtiment ? Attention au monopole des architectes pour l'établissement de plans de maisons individuelles de plus de 170 m^2.

Vous avez des dons de guérisseur ? Soyez attentif à ne pas pratiquer illégalement des actes médicaux réglementés.

Vous êtes consultant, spécialisé dans le conseil aux PME ?

Prenez garde :

→ à ne pas exercer illégalement la profession d'expert-comptable. Les experts-comptables ont le monopole de la tenue de la comptabilité et sont particulièrement sensibles à ce sujet !

→ à ne pas rédiger et surtout facturer d'actes juridiques (contrats, statuts…) : vous risqueriez de vous « frotter au barreau » (ordre des avocats) !

Votre idée peut-elle être protégée ?

Votre idée, en elle-même, ne peut être protégée. En effet, chacun est libre de reprendre et d'exploiter l'idée d'un autre. Il en est de même d'un genre, d'un style, d'une mode…

En revanche :

→ La forme selon laquelle cette idée s'exprime peut, dans certains cas, faire l'objet d'un dépôt à l'Institut national de la propriété industrielle (INPI) : identification de votre produit ou de votre entreprise, création d'un objet original…

p. 235

→ Si votre idée repose sur une création littéraire ou artistique, un logiciel par exemple, cette création sera protégée naturellement au titre du droit d'auteur. En vertu de ce droit, vous pourrez interdire à quiconque de reproduire votre logiciel et naturellement de le commercialiser.

Vous avez une idée totalement innovante et vous craignez de vous la faire « pirater » ? C'est effectivement un risque car une idée ne peut être protégée en soi. Vous ne pourrez empêcher un concurrent de la reproduire.

Dans pareil cas, n'hésitez pas à vous rapprocher d'un spécialiste de la création d'entreprises, qui vous aidera à évaluer si le marché est suffisamment important pour accepter la concurrence et vous donnera les conseils qui vous permettront de vous imposer rapidement.

Comment prouver la date d'une idée, d'une création ?

Que vous vous trouviez dans l'un ou l'autre des cas envisagés ci-dessus, vous pouvez avoir intérêt à prouver que vous étiez bien à l'origine d'une idée, d'une création :

- parce que vous n'avez pas encore concrétisé votre idée ;
- pour prouver que vous êtes bien l'auteur d'une œuvre, d'un logiciel, d'un concept, et ainsi être protégé au titre du droit d'auteur ;
- parce que vous êtes à l'origine d'une invention, mais que vous ne souhaitez pas divulguer votre secret de fabrique en déposant un brevet ;
- pour revendiquer le droit d'exploiter, à titre personnel, une invention malgré l'existence d'un brevet déposé par un tiers postérieurement à votre idée ;
- etc.

Comment procéder ? Plusieurs solutions s'offrent à vous :

- Vous pouvez tout d'abord vous procurer auprès de l'INPI une « enveloppe SOLEAU ». Il vous suffira d'introduire dans les deux compartiments qui la composent un exemplaire de votre création, une reproduction ou un document décrivant votre idée, puis d'adresser cette enveloppe à l'INPI après l'avoir pliée

Imaginons que vous ayez l'idée de créer une entreprise de toilettage pour chiens à domicile : vous ne pourrez empêcher un autre professionnel de faire la même chose que vous. En revanche, si vous envisagez, parallèlement de créer une gamme de « produits de beauté » pour chiens, vous déposerez une marque qui identifiera ces produits et/ ou le nom de votre entreprise. De même, si vous concevez un nouveau collier ou nouveau jouet pour toutous, vous déposerez un modèle auprès de l'INPI.

et cachetée. L'INPI, après enregistrement et perforation de l'enveloppe, vous retournera un compartiment et conservera l'autre dans ses archives pour le produire en justice le cas échéant.

Son coût : 15 €.

Sa durée : 5 ans avec possibilité de prorogation.

→ Vous pouvez aussi déposer un document retranscrivant l'idée auprès de la SGDL (Société des gens de lettres) : manuscrits, photos, logiciels…

Le coût de ce dépôt : 45 €.

Durée : 4 ans, renouvelable.

→ Il vous est également possible de faire établir un constat d'huissier ou un acte notarié, constatant l'existence de votre idée ou de votre création. C'est plus coûteux (le coût varie selon les prestataires), mais la durée est illimitée.

→ Enfin, si vous utilisez Internet, pourquoi ne pas recourir à un service de dépôt en ligne, utilisable, de chez vous, à tout heure du jour ou de la nuit ?

Plusieurs sites proposent ce type de service pour attester l'antériorité d'une création. Par exemple :

• *www.cleo-sgdl.com*

Ce site, créé par la Société des gens de lettres, vous fournira un condensé (ou empreinte numérique) du fichier que vous lui aurez transmis *via* Internet. Cette empreinte, horodatée, sera conservée par vous et par la SGDL.

Le coût de ce service : 10 € TTC pour une durée de 12 mois, renouvelable, quels que soient la taille et le type de données.

• *www.e-coffrefort.fr*

E-coffrefort est une société spécialisé dans le stockage de données informatiques en ligne. Elle propose un système de coffre-fort virtuel permettant de déposer, horodater et certifier des documents sans limitation de nombre ou de taille. Les prix varient entre 3 et 7,20 € TTC par mois.

• *www.creasafe.com*

Il s'agit d'un site récent qui assure les services suivants :

- horodatage permettant de certifier la date de création du document ;
- signature électronique permettant d'authentifier le contenu du document ;
- service de sauvegarde de vos fichiers sur bandes magnétiques et serveurs sécurisés ;
- dépôt à l'Institut national de la propriété industrielle.

Le coût est compris entre 6 et 360 € TTC, selon la taille et le nombre de fichiers. La durée de validité est de 5 ans.

Vous avez trouvé un nom original ?

Ça y est, vous tenez le nom de votre produit, de votre service ou tout simplement de votre future entreprise ! Alors, n'hésitez pas, déposez-le à l'INPI en tant que marque. Votre entreprise est aujourd'hui toute petite, mais elle peut croître rapidement, et vous serez alors heureux d'avoir pris cette précaution.

Il n'y a pas que les noms qui peuvent être protégés : vous pouvez déposer un signe verbal pouvant s'écrire ou se prononcer (nom, mots, lettres, chiffres, sigles…) ou un signe figuratif (dessin, logo, hologramme, relief, nuances ou combinaisons de couleurs…) ou encore un signe sonore pouvant être matériellement traduit (« hum » Danone… ça vous dit quelque chose ?)

Pourquoi cette démarche ? Pour acquérir un droit exclusif sur votre marque et avoir la possibilité d'interdire à toute personne d'utiliser le nom ou le signe déposé dans les secteurs d'activité que vous aurez désignés.

Attention cependant, tout n'est pas permis : votre nom ou signe doit être suffisamment original. Il ne doit pas entraîner de confusion dans l'esprit du public : évitez par exemple l'emploi des mots « France » et de ses dérivés, ou encore « Europe »… Si vous n'êtes pas médecin, évitez à tout prix les termes « médical », « docteur »… Si vous êtes dessinateur ou *designer*, n'utilisez pas les termes « architecture » « architectes »…

Comment procéder ?

On peut être « créatif » sans être pour autant « bohème » !

Gardez les pieds sur terre et pensez à utiliser les outils juridiques mis à votre disposition pour protéger vos créations ou faciliter la revendication de vos droits d'auteur.

Cela vous sera peut-être utile un jour…

→ Première étape : assurez-vous que votre nom ou signe n'est pas déjà utilisé. Vous pouvez faire vous-même une recherche d'antériorité à l'identique :

- soit en vous rendant à l'INPI ;
- soit en faisant une recherche sur Internet à partir d'un des trois sites suivants : *www.icimarques.com*, *www.plutarque.com*, ou *www.euridile.fr*.

Mais le plus sécurisant consiste à demander à l'INPI une recherche de similarités, qui prendra en compte les ressemblances orthographiques, phonétiques et intellectuelles pouvant exister entre le nom que vous avez choisi et ceux qui sont déjà déposés ou enregistrés.

Son coût (par nom demandé) est fixé à :

- 40 € jusqu'à 3 classes (secteurs d'activité) ou 3 GAS (groupements d'activités similaires) pour une recherche sur le fichier des marques,
- 60 € jusqu'à 3 classes et 3 GAS pour une recherche conjointe sur le fichier des marques et celui des sociétés,
- 10 € par classe ou GAS supplémentaire.

Une fois la marque enregistrée, vous êtes protégé en France pendant dix ans.

Votre marque peut également être étendue à l'étranger. Renseignez-vous auprès de l'INPI.

Le coût pour une recherche portant sur la totalité des classes et des GAS est de 400 € (il existe 45 classes et 39 GAS).

→ Seconde étape : si votre nom ou signe est libre, effectuez un dépôt auprès de l'INPI, à Paris ou dans un centre régional, ou encore au greffe du tribunal de commerce.
Son coût : 225 € jusqu'à trois classes (200 € en cas de dépôt électronique) et 40 € par classe de produits ou de services supplémentaire.

Vous avez créé une forme, un objet particulier ?

Vous disposez en principe d'un monopole d'exploitation « naturel » que l'on appelle « propriété littéraire et artistique ». Vous pourrez donc faire valoir vos droits, sans dépôt à l'INPI, à partir du moment où votre objet présente un caractère original et que vous êtes en mesure de prouver la date de sa création.

p. 235

Un système de dépôt à l'INPI, plus protecteur, a cependant été mis en place afin de permettre aux créateurs de mieux se prémunir contre le plagiat. En effectuant un tel dépôt, vous serez présumé être l'auteur du dessin ou modèle, et vous pourrez utiliser, en cas de contrefaçon, une procédure spécifique appelée « procédure de description détaillée des objets » avec ou sans saisie effectuée par huissier. Vous pourrez d'autre part apposer sur vos produits la mention dissuasive « modèle déposé ».

Ce dépôt concerne les objets qui se distinguent des autres par une forme, une configuration ou un effet extérieur leur conférant une physionomie propre et nouvelle : bouteilles, tissus, jouets, bijoux, emballages, chaussures…
La durée de la protection est fixée à 5 ans, renouvelable par périodes de 5 ans jusqu'à 25 ans maximum. Son coût est de 38 € auquel s'ajoute une taxe de 22 € pour chaque photo de l'objet en noir et blanc ou 45 € pour chaque photo en couleurs.

Vous avez créé un logiciel, un jeu vidéo, un progiciel ?

Là encore, vous êtes protégé « naturellement » en tant qu'auteur, au titre de la propriété intellectuelle. Il peut être cependant utile, si votre projet repose sur ce type de création, d'effectuer un dépôt auprès d'un organisme spécialisé dans la protection des programmes et de lui confier la défense de vos droits. Cette solution vous semblera peut-être onéreuse, mais vous rendra de nombreux services.

p. 231

L'Agence pour la protection des programmes (APP) propose plusieurs types de services, dont le dépôt de sources et le référencement, service allégé permettant de donner une date certaine à la création.

Le coût du dépôt de sources est composé :

- d'un droit d'entrée (80 € HT pour les personnes physiques et 270 € HT pour les personnes morales),
- d'une cotisation annuelle qui donne droit à 3 référencements gratuits (110 € HT pour les personnes physiques et 430 € HT pour les personnes morales),
- de droits de dépôt (190 € HT par dépôt).

Vous êtes l'auteur d'une invention ?

La protection d'une invention consiste à déposer auprès de l'INPI une demande de brevet ou de certificat d'utilité.

L'invention doit répondre à trois exigences distinctes : présenter un caractère absolu de nouveauté, faire preuve d'une activité inventive, c'est-à-dire ne pas découler de manière évidente de la technique, et être susceptible d'application industrielle.

Ce domaine sort donc de celui de la micro-entreprise. Cependant, si vous pensez être à l'origine d'une invention brevetable :

→ commencez par utiliser l'enveloppe SOLEAU ou un service de dépôt en ligne ;

p. 39

→ contactez la délégation régionale de Oséo-Anvar, l'Agence française de l'innovation, qui vous conseillera utilement, expertisera votre projet et vous appuiera le cas échéant.

p. 236

Vous disposerez d'un site Internet ?

p. 208

Il n'est plus compliqué aujourd'hui d'avoir son site, et c'est très utile, surtout pour un micro-entrepreneur qui a besoin de se faire connaître !

Dans :
www.mon-entreprise.fr
- *« mon-entreprise » identifie le site ;*
- *« .fr », constitue ce que l'on appelle « l'extension ».*

Il est très important, si vous prévoyez à court ou moyen terme d'avoir une présence sur « la Toile », de réserver dès maintenant un nom de domaine. En effet l'attribution des noms de domaines est dans la plupart des cas régie par la règle du « premier arrivé, premier servi ». Et comme un nom donné ne conduit qu'à un seul site, il s'agit d'une ressource rare !

Un site Internet, c'est en quelque sorte une vitrine susceptible de multiplier les moyens de communiquer avec vos clients : présenter votre activité, donner des informations, répondre à des demandes… Même si vous ne l'envisagez pas aujourd'hui, vous y viendrez probablement un jour ou l'autre. Soyez donc prévoyant et pensez à réserver, dès maintenant, votre « nom de domaine ». Il constitue la partie essentielle de l'adresse d'un site Internet.

Il existe différents types d'extension accessibles aux entreprises :

→ Le suffixe **.fr** identifie, d'une manière générale, un site francophone.

→ Le suffixe **.com** était à l'origine destiné aux entreprises commerciales. Il est utilisé actuellement par toute entreprise souhaitant avoir une audience internationale.

→ Le suffixe **.net** était initialement destiné aux structures liées à l'Internet. Aujourd'hui, il est utilisé par tout le monde.

→ Le suffixe **.org** était à la base destiné aux structures à but non commercial. Il est maintenant aussi « ouvert » que le .com.

→ Et aussi : **.biz, .info, .eu,** etc.

Comment procéder ?

Le plus simple est de vous adresser à l'un des nombreux prestataires qui, en complément des services Internet (hébergement, accès Internet, création de site) qu'ils proposent, sont mandatés pour effectuer des réservations de noms de domaines.

*Quelle extension choisir ? C'est une question de stratégie... Pour une entreprise française le **.fr** s'impose. Si le **.com** est disponible, n'hésitez pas à le réserver également.*

Quelques exemples :

→ Indom : *www.indom.com*

→ Mail Club : *www.mailclub.fr*

→ OVH : *www.ovh.com*

→ Amen : *www.amen.fr*

Pour un **.fr,** reportez-vous au site de l'Afnic (Association française pour le nommage Internet en coopération). Il propose une liste de prestataires ayant adhéré à sa charte. *www.afnic.fr*

À titre d'information, le coût annuel d'un nom de domaine, sans hébergement, est de l'ordre de :

- 8 à 35 € HT en **.com**
- 20 à 69 € HT en **.fr**

Si le nom que vous visez (par exemple mon-entreprise.fr ou .com) est pris, essayez avec d'autres extensions (.net par exemple), ou modifiez le nom ou l'orthographe : « mon-entreprise-fr.com », ou encore « monentreprise.com ».

De quels moyens aurez-vous besoin pour mettre en œuvre votre idée ?

À ce stade de votre projet, vous devez lister tout ce qui sera nécessaire à l'exercice de votre activité.

Une solution alternative à l'achat : le crédit-bail. Pensez-y, il peut constituer une solution avantageuse pour financer à 100 % vos investissements professionnels.

Son principe est simple : vous choisissez un équipement et convenez avec le vendeur des conditions de l'achat. Après examen du dossier, une société de crédit-bail achète le matériel et vous le loue. En fin de contrat, vous pourrez soit rendre l'équipement, soit le racheter pour sa valeur résiduelle, soit continuer à le louer moyennant un loyer très réduit.

Votre matériel

Quels seront vos besoins ?

Un micro-ordinateur, un modem ? Un logiciel spécifique, un accès à des bases de données ? Un téléphone-fax, une photocopieuse ? Un matériel professionnel spécifique, du mobilier ? Un véhicule ?…

Lesquels possédez-vous ? Lesquels devrez-vous acquérir ? Connaissez-vous leur coût ? Peuvent-ils être loués ? À quelles conditions ?

Vos locaux

Où allez-vous exercer votre activité ? Plusieurs solutions s'offrent à vous.

Travailler chez vous

Vous avez de la chance, la réglementation s'est considérablement assouplie.

La domiciliation correspond à l'adresse administrative de l'entreprise, celle qui figure sur tous les documents commerciaux (papier à en-tête, factures téléphoniques…). Elle se distingue du lieu de l'exercice réel de l'activité et ne peut remettre en cause la destination de l'immeuble.

Pour la comprendre, vous devez savoir qu'en principe, chaque local est affecté à un usage bien précis : habitation, commerce ou bureau. Jusqu'à une date récente, il était illégal d'exercer une activité professionnelle chez soi sans demander à la préfecture un changement partiel ou total d'affectation.

Aujourd'hui la situation a bien changé :

→ Si vous habitez dans un appartement **qui n'est pas situé au rez-de-chaussée d'un**

immeuble, vous pouvez domicilier votre entreprise et exercer votre activité professionnelle chez vous à condition :

- qu'aucune disposition de votre bail ou de votre règlement de copropriété ne s'y oppose ;
- que vous exerciez personnellement l'activité (avec éventuellement d'autres occupants de votre logement) ;
- qu'il s'agisse de votre résidence principale ;
- que vous ne receviez à votre domicile ni clientèle, ni marchandises.

Cette réglementation est applicable pour tous les types de logement, y compris ceux situés dans une HLM.

→ Si votre domicile est **situé au rez-de-chaussée,** cette dernière condition (ne pas recevoir de clientèle ou marchandise) ne s'applique pas. Mais attention : votre activité ne doit en aucun cas occasionner de nuisance, de danger pour votre voisinage ou entraîner un désordre quelconque dans l'immeuble.
S'il s'agit d'un logement dans une HLM, vous devez néanmoins obtenir une autorisation du maire, après avis de l'organisme gestionnaire de l'immeuble.

→ À noter : si votre logement est situé dans une HLM, et si votre activité n'est pas commerciale, vous pouvez également demander au maire un changement partiel d'usage de votre appartement. Cette procédure nécessite de recueillir l'avis de l'organisme gérant l'immeuble. Ce dernier a un mois pour vous répondre. S'il ne le fait pas, la réponse sera réputée favorable.

Trouver un local adapté à votre activité

p. 198

Vous ne souhaitez par mêler vie professionnelle et vie privée ? Votre métier nécessite un lieu spécifiquement aménagé ? Il vous faut alors envisager de rechercher un local commercial ou professionnel en fonction de votre activité.

Comment trouver des locaux ? En dehors des agences immobilières et des journaux d'annonces, certaines chambres de commerce et d'industrie et chambres de métiers éditent des listes de locaux disponibles. Rapprochez-vous également des services économiques des mairies qui tiennent à jour un fichier de locaux vacants.

Attention, selon les circonstances, vous pourrez être amené à verser :

- **un pas-de-porte** au propriétaire du local commercial lors de la conclusion du bail, en particulier si le loyer est modéré ou s'il bénéficie d'un très bon emplacement ;
- **un droit au bail** au locataire sortant, en cas de reprise d'un bail conclu entre ce locataire et le propriétaire des locaux, si le loyer est sous-évalué par rapport au prix du marché.

Vous faire héberger dans une autre entreprise

D'autres solutions moins onéreuses peuvent être envisagées :

- Trouver **une autre entreprise** disposant de locaux trop vastes pour son activité et disposée à vous en sous-louer une partie.
  Attention : la sous-location doit être autorisée par le propriétaire, qui doit obligatoirement être appelé à concourir à l'acte.
- Recourir aux services d'une **pépinière d'entreprises.**
  Il en existe peut-être une près de chez vous. Une pépinière pourra non seulement vous héberger à un prix avantageux, mais également mettre à votre service des moyens à coût partagé et un réseau de compétences. C'est très précieux lorsque l'on est

une jeune entreprise ! Par ailleurs, cela vous permettra de travailler à proximité d'autres entrepreneurs qui débutent comme vous leur activité, de pouvoir échanger avec eux, et ainsi de limiter le risque d'isolement qui menace tout créateur d'entreprise.

Vous trouverez les adresses des pépinières auprès de l'association Elan ou sur le site Internet de l'APCE.

p. 233

Envisagez de sous-traiter votre accueil téléphonique à un centre d'affaires, en particulier si vous travaillez chez vous : entendre en bruit de fond des cris ou rires d'enfants lorsque l'on téléphone à un entrepreneur n'est pas toujours du meilleur effet ! Ce système, peu onéreux, vous permettra tout à la fois de ne pas passer à côté d'un contact intéressant et aussi de filtrer vos appels.

→ Ou, vous adresser à un **centre d'affaires et de domiciliation** qui vous proposera une gamme de services allant de la simple domiciliation jusqu'à la location de bureaux avec tout l'équipement télé-informatique ainsi que les services de réception qui vous permettront de fonctionner au quotidien. D'autres services sont également proposés par ces centres, tels la location de salles de réunions, l'usage d'un fax et d'un photocopieur, un service de traduction, un secrétariat éventuellement bilingue, etc.

Vous obtiendrez toutes informations utiles sur ces centres d'affaires auprès du SNCAED (Syndicat national des centres d'affaires et de domiciliation).

p. 236

Vos moyens humains

Aurez-vous le temps et les compétences nécessaires pour assumer toutes les fonctions de l'entreprise ? Avez-vous décelé chez vous certaines faiblesses ?

La réponse à ces questions vous amènera peut-être à envisager différentes formules :

- embauche d'un salarié, d'un apprenti ;
- accueil de stagiaires ;
- recours aux services d'un expert-comptable, d'un centre ou d'une association de gestion agréé, de sous-traitants…

Vos contrats d'assurance

Afin de démarrer votre activité dans de bonnes conditions, répertoriez les types d'assurance nécessaires à une couverture efficace de vos risques.

« Assurez-vous que vous êtes bien assuré… » Êtes-vous sûr que des clients insatisfaits ne se retourneront pas un jour ou l'autre contre vous ?

Que se passera-t-il si l'un de vos clients se blesse accidentellement chez vous ? Vous devez tout envisager en vous aidant notamment de la documentation du Centre de documentation et d'information de l'assurance - CDIA.

- L'assurance responsabilité civile garantit les risques que vous encourez dans le cadre de vos activités professionnelles : dommages causés à vos clients, à vos fournisseurs ou à des tiers. Elle est généralement incluse dans l'assurance « multirisque » garantissant les biens professionnels (locaux, matériels, marchandises...) contre différents risques.
- L'assurance « pertes d'exploitation » permet de compenser une absence de chiffre d'affaires en cas d'imprévu : sinistre, accident...
- L'assurance protection juridique vous permet de vous faire assister en cas de conflit avec un client, un fournisseur, un salarié, l'administration fiscale, l'Urssaf, etc.
- En fonction de votre activité, certaines assurances spécifiques vous seront imposées : activités du bâtiment (assurance décennale), activités touristiques…

Si c'est le cas, et si vous vous heurtez à des refus répétés de garantie de la part d'assureurs, rapprochez-vous de vos organismes professionnels qui pourront certainement vous orienter utilement. S'il s'agit d'une obligation légale (exemple : garantie décennale pour les artisans du bâtiment), sachez qu'il est possible de saisir le Bureau central de tarification (BCT), situé 1, rue Jules-Lefebvre, 75009 Paris - Tél. : 01 53 21 50 40. Enfin, vous pouvez envisager de travailler en sous-traitance, pour une entreprise du même secteur d'activité que vous, déjà bien implantée, qui pourra faciliter une prise de contact avec son propre assureur.

Nouveau ! La fondation Entrepreneurs de la cité propose aux créateurs accompagnés par un réseau un système de microassurance couvrant trois types de risque : multirisque professionnelle, prévoyance et santé. Renseignez-vous sur : www.entrepreneursdelacite.org

Commencez à **formaliser votre projet.** ***À ce stade,*** vous devez être **en mesure de répondre aux *questions*** suivantes :

Qu'est-ce qui vous incite à créer une micro-entreprise ? Quelle est votre motivation ?

Quelle est votre idée de création d'entreprise ? Depuis quand l'avez-vous ? Comment vous est-elle venue ?

Votre famille adhère-t-elle à votre projet ? Pouvez-vous compter sur elle pour vous aider ?

Votre formation, votre expérience professionnelle ou encore vos activités extraprofessionnelles sont-elles en bonne adéquation avec votre projet ?

Votre situation personnelle et professionnelle vous permet-elle d'exercer librement une activité indépendante ?

Quels sont vos points forts, sur lesquels vous vous appuierez pour réussir votre projet ?

Quels sont vos points faibles qui risquent de vous handicaper ?

En conséquence, quelles sont les actions prioritaires que vous serez amené à entreprendre ? (suivre une formation, négocier avec votre employeur la non-application d'une clause de non-concurrence, réserver un nom de domaine...)

Évaluez vos chances de réussite

2

VOUS AVEZ LA CHANCE d'avoir l'idée qui est à la base de votre projet de micro-entreprise, encore faut-il que cette idée soit réalisable : qu'elle intéresse une clientèle potentielle, qu'elle nécessite des moyens que vous serez en mesure de réunir et, naturellement, qu'elle soit rentable. Même si nous parlons de micro-entreprises, qui, par nature, ne nécessiteront pas d'énormes capitaux, il est primordial d'apporter une réponse satisfaisante à ces trois questions. Alors, ne négligez pas cette étape en pensant que vous n'êtes pas concerné. Quelle que soit l'activité envisagée, une étude commerciale et financière sérieuse vous permettra de valider votre projet et de favoriser la pérennité de votre future entreprise.

▷ Votre place sur le marché

Vous êtes actuellement salarié dans une grande chaîne de salons de coiffure, vous avez un talent reconnu et rêvez de vous mettre à votre compte. Ne disposant pas des fonds nécessaires pour ouvrir votre propre salon dans de bonnes conditions, vous avez l'idée de démarrer une activité de coiffeur à domicile, persuadé qu'il existe une demande pour ce type de services. Bien entendu, votre famille et vos amis vous encouragent et vous assurent qu'ils feront appel à vos services.

Ne vous emballez pas trop vite et méfiez-vous de l'enthousiasme de vos proches : leurs réactions peuvent être faussées par leur envie de vous faire plaisir.
Au fond de vous-même, pensez-vous réellement qu'ils réagiraient de la même façon si c'était quelqu'un d'autre, un inconnu, qui leur proposait le même produit ou le même service ? La réponse est sans doute beaucoup moins sûre.

Alors reprenez tout à zéro, et réalisez votre étude commerciale étape par étape.

Votre objectif doit consister :

→ à définir avec précision quelle sera votre clientèle ;

→ à vous positionner face à la concurrence ;

→ et à adapter votre produit ou service en fonction des éléments recueillis.

Lorsque vous y serez parvenu, vous serez dans la même situation que M. Jourdain lorsqu'il fait de la prose : vous aurez, sans le savoir, réalisé une étude de marché !

Partez à la chasse aux infos !

Vous êtes perplexe, voire inquiet en entreprenant cette étude ? C'est tout à fait normal : vous vous trouvez dans une situation de tâtonnement, sans référence personnelle passée. Quel que soit votre domaine d'activité, vous devrez rassembler un maximum d'informations qui vous permettront de répondre aux questions suivantes :

→ En quoi consiste mon produit ou mon service ? À quel besoin répond-il ? Quelles satisfactions doit-il apporter ? En quoi se différencie-t-il des produits ou services déjà existants ?

→ Qui est-il susceptible d'intéresser ? À qui sera-t-il utile ? Qui achète déjà un produit similaire ?

→ Comment et où doit-il être proposé pour répondre aux attentes de ma clientèle ?

→ À quel moment sera-t-il demandé ? Y a-t-il des périodes propices à sa commercialisation ?

→ Quels sont les volumes demandés par la clientèle ? Quelles sont les quantités achetées ? à quel prix ? par combien d'acheteurs ?

Vous possédez sans doute déjà un bon nombre de ces informations. Il convient maintenant de les coucher sur le papier et d'organiser la recherche de celles qui vous manquent.

Il est important que vous réalisiez vous-même cette étude commerciale pour confronter votre idée à la réalité. N'hésitez cependant pas à vous rapprocher d'organismes spécialisés dans l'accueil des porteurs de projets qui pourront vous guider dans cette démarche. Vous pouvez également, le cas échéant, vous faire aider par des « junior-entreprises », associations d'étudiants qui fonctionnent comme des entreprises de conseils, mais à des tarifs plus abordables pour des micro-entrepreneurs.

Pour en savoir plus : www.junior-entreprises.com

Nouveau !
Le site de l'APCE a développé sa rubrique « Étude de marché ». Parcourez-la : vous y trouverez de nombreuses informations pratiques. www.apce.com/étapes de la création/l'étude de marché.

Listez les informations dont vous avez besoin et bâtissez votre programme de recherche.

Il vous faut rassembler un certain nombre d'informations sur votre activité, sur votre clientèle et sur vos concurrents. Ne partez pas « tous azimuts », vous risqueriez de crouler sous une pile d'informations. Posez, par écrit, vos questions et déterminez ce que vous devrez rechercher.

> *La clientèle peut être classée par « types » :*
> - *consommateurs individuels : jeunes, personnes âgées, actifs, retraités, mères de famille... ;*
> - *collectivités, administrations... ;*
> - *PME : artisans, commerçants, professions libérales, détaillants, grossistes... ;*
> - *grandes entreprises ;*
> - *entreprises d'un secteur déterminé.*
>
> *Chaque type de clientèle présente des caractéristiques qui lui sont propres. À vous de les déterminer.*

Informations à obtenir sur votre activité

→ Domaine d'activité.

→ En quoi consiste votre produit, votre service ?

→ Activités accessoires.

→ Réglementation applicable - Expérience ou technicité requise.

→ Zone géographique envisagée.

Informations à obtenir sur votre clientèle

→ Type et composition de la clientèle.

→ Attentes de la clientèle (par catégorie).

→ Critères d'achat de la clientèle : classification de ces critères par ordre décroissant.

→ Habitudes de la clientèle : fréquence et périodicité des achats, prestations demandées, montant moyen dépensé...

Informations à obtenir sur vos concurrents

→ Principaux concurrents directs et indirects.

→ Leur ancienneté sur le marché, leur taille, la part de marché qu'ils détiennent, leur santé financière.

→ Leurs atouts : prix, réductions accordées, gamme, notoriété, produits complémentaires proposés, moyens publicitaires utilisés…

La concurrence peut être « indirecte ». Si vous rénovez des appartements, vous serez soumis à la concurrence indirecte des magasins de bricolage. Tenez-en compte !

Ce travail doit vous permettre de recenser, de classer et de formuler un certain nombre d'informations que vous possédez… et d'intuitions. Vous allez devoir à présent le compléter en recherchant les informations qui vous font défaut pour construire votre projet, en vérifiant si vos intuitions sont bonnes et en déterminant votre volume prévisionnel de ventes.

Ces informations, vous les trouverez en observant votre environnement, en faisant des recherches documentaires et en allant à la rencontre de professionnels et de clients potentiels.

Observez l'environnement

En fonction des caractéristiques de votre produit ou service, cette étape consiste à :

→ observer votre ville, les quartiers commerçants ou au contraire résidentiels, la circulation automobile et piétonne, les habitudes des gens… ;

Votre premier investissement à réaliser : achetez une bonne paire de chaussures et un bloc notes ! L'observation de votre environnement vous apportera de précieuses informations.

→ lire des annonces, regarder la publicité dans la presse locale et professionnelle, collecter les prospectus diffusés par vos concurrents… ;

→ vous rendre chez des professionnels, chez des concurrents pour examiner leur organisation, leur présentation, leur accueil, leurs gammes, leurs tarifs, mais aussi leur fréquentation, leurs types de clientèle, le montant et la nature des achats effectués, le comportement des clients, etc. ;

→ visiter les expositions, les salons, les foires…

Effectuez une recherche documentaire

Il existe de nombreuses sources d'informations qu'il convient de connaître et des lieux dans lesquels vous trouverez une aide précieuse, en particulier :

Des informations générales sur votre métier, votre activité

Pour obtenir ces informations, rapprochez-vous d'organismes susceptibles de mettre à votre disposition des fiches métiers, des dossiers professionnels, des études sectorielles :

→ **APCE :** l'Agence pour la création d'entreprises met à votre disposition 140 fiches professionnelles qui réunissent une somme d'informations particulièrement utiles pour votre étude commerciale et financière. Pour toutes informations, connectez-vous au site de l'APCE - *www.apce.com ;*

p. 220 et 231

→ **Les organismes et syndicats professionnels :** vous pourrez vous procurer leurs coordonnées par Internet en utilisant les moteurs de recherche, ou encore en consultant des annuaires spécialisés que vous trouverez dans les grandes bibliothèques :

- annuaire du Medef, consultable également à partir de son site Internet - *www. medef.fr ;*

p. 235

- annuaire de l'APCM (Assemblée permanente des chambres de métiers et de l'artisanat) - *www.apcm.com.*

→ **Les chambres consulaires :** chambre de commerce si votre activité est commerciale, chambre de métiers, si elle est artisanale. Les chambres disposent d'un certain nombre de dossiers thématiques : fiches, profils métiers, études… qui vous feront gagner beaucoup de temps, si votre activité entre dans leur domaine de compétence.

→ **Les ordres des professions libérales.**

→ De nombreux autres organismes diffusent, sur leur site Internet, des fiches métiers et des informations pratiques sur les secteurs d'activité. Citons, par exemple :

p. 232

- Le CIDJ (Centre d'information et de documentation jeunesse) : *www.cidj.com*
- L'Onisep (Office national d'information sur les enseignements et les professions) : *www.onisep.fr*
- L'ANPE – Répertoire opérationnel des métiers et des emplois (Rome) : *www.anpe.fr/espacecandidat/romeligne/RliIndex.do*
- L'Étudiant : *www.letudiant.fr/metiers.html*
- Artifrance : *www.artifrance.fr*
- L'UPA (Union professionnelle artisanale) : *www.upa.fr*
- Orientation-formation (portail de l'État, des régions et des partenaires sociaux sur les métiers et les formations) : *www.orientation-formation.fr*
- Le Centre information jeunesse Essonne : *www.metiers.info*
- France 5 Emploi : *http://emploi.france5.fr*
- La Sema (Société d'encouragement aux métiers d'art) : *www.metiersdart-artisanat.com*
- L'Apec (Association pour l'emploi des cadres) : *www.apec.asso.fr* (rubrique « marché de l'emploi » dans la partie « cadres »)

→ **Les grandes bibliothèques,** dans lesquelles vous trouverez des ouvrages spécialisés par secteur professionnel, des dossiers thématiques et une documentation juridique abondante.

Les données que vous aurez récoltées auprès de ces différents organismes vous donneront une idée générale sur votre marché, ses caractéristiques et son évolution. Elles devront être complétées impérativement par une « enquête terrain » pour toucher au plus près votre future clientèle.

Des informations sur vos futurs clients

Dans le jargon du marketing, on parle d'informations sur « la demande » (caractéristiques de la population, démographie, secteurs d'activité, consommation moyenne des ménages, conditions de vie et aspirations des consommateurs...). Vous pouvez, pour obtenir ce type d'informations, vous rapprocher des organismes suivants :

→ **l'Insee :** Institut national de la statistique et des études économiques, où vous trouverez toutes sortes d'informations et de statistiques sur les caractéristiques de la population et sur les secteurs économiques. L'Insee est présent dans chaque région - *www.insee.fr*

p. 235

→ **Les collectivités locales** (services économiques) : mairie, conseil régional...

→ **Le Credoc :** Centre de recherche pour l'étude et l'observation des conditions de vie. Vous pourrez y consulter, sur rendez-vous, un certain nombre d'études révélatrices sur les modes de vie et aspirations des Français. Le catalogue de ces études est en ligne sur son site Internet : *www.credoc.fr*

p. 233

→ **L'INC :** Institut national de la consommation, qui publie la revue *60 Millions de consommateurs : www.conso.net*

p. 234

Des informations sur vos concurrents

Dans le jargon du marketing, on parle d'informations sur « l'offre » (identification des concurrents, entreprises existantes...). Pensez à utiliser :

→ votre **annuaire** (pages jaunes) et **Internet** (utilisez les moteurs de recherche) ;

→ les annuaires d'entreprises (Kompass, *Dun and Bradstreet...*) disponibles dans les grandes bibliothèques et dans les chambres consulaires (CCI, CM) : ils recensent les entreprises françaises ainsi que de nombreuses sociétés européennes ;

→ les **serveurs spécialisés** pouvant vous fournir des renseignements sur les entreprises et notamment sur leur taille et leur chiffre d'affaires :

- *www.infogreffe.fr*
- *www.euridile.inpi.fr*
- *www.sirene.tm.fr*
- *www.societe.com*
- *www.kompass.fr*

→ la **presse économique** et professionnelle spécialisée.

Pour un coiffeur à domicile, les prescripteurs seront nombreux : s'il souhaite capter une clientèle de mères de famille et d'enfants, il est indispensable qu'il rencontre les commerçants spécialisés dans les produits pour enfants (vêtements, chaussures, jouets...), les directrices de garderie, les pédiatres... une affichette dans leur local constituera un moyen publicitaire précieux ! S'il vise prioritairement une clientèle de personnes âgées, des rencontres avec les directeurs de maisons de retraite, les médecins généralistes, les infirmières et les aides-soignantes s'imposeront.

Interviewez des professionnels

Quels seront vos prescripteurs, c'est-à-dire les personnes susceptibles de vous envoyer des clients ? Une fois que vous les aurez identifiés, allez à leur rencontre pour leur parler de votre projet et recueillir leurs avis, leurs suggestions et leurs recommandations.

Recensez également vos fournisseurs. Eux aussi seront en mesure de vous fournir des renseignements utiles sur les habitudes de la clientèle et naturellement sur leurs conditions tarifaires !

Réalisez une enquête par entretiens ou sondages auprès de la clientèle

Cette enquête sera particulièrement recommandée si vous souhaitez vendre un nouveau produit ou proposer un nouveau service. Son but est de vous fournir des informations qualitatives sur votre clientèle, mais aussi des informations quantitatives qui vous permettront d'établir votre chiffre d'affaires prévisionnel : volumes de ventes, tarifs à envisager…

→ **Afin d'éviter de perdre un temps précieux, déterminez avec précision vos objectifs.** Votre enquête doit vous permettre principalement :

- de déterminer l'intérêt de vos clients potentiels pour le concept proposé. Qu'apportera votre produit ou service de plus par rapport à ce qui existe ? Quels sont leurs critères d'achat d'un produit ou d'un service ?
- de tester la fourchette de prix que vous envisagez d'appliquer : vous devez en effet déterminer une gamme de prix qui sera acceptable pour vos clients ;
- d'évaluer le temps de réaction de la clientèle entre le lancement de votre activité et le moment où le produit ou service sera réellement implanté. Si le concept que vous proposez est nouveau, ne minimisez pas cet

Un « bon questionnaire » ne doit pas rebuter vos interlocuteurs : il doit donc être court, précis et neutre.
Il doit comprendre à la fois des questions fermées, auxquelles il faut répondre par « oui » ou par « non », et des questions ouvertes pour permettre aux personnes interrogées de s'exprimer sur des sujets auxquels vous n'auriez peut-être pas pensé.
L'ordre des questions posées doit être mûrement réfléchi : n'oubliez pas que les premières doivent motiver vos interlocuteurs !

aspect car vous risquez de vous heurter à des freins naturels liés à l'achat d'un nouveau produit ou service.

→ **Rédigez vos questions :** elles doivent être simples et compréhensibles par tous. Elles doivent être posées exactement de la même manière aux différents interlocuteurs que vous rencontrerez.

→ **Rendez-vous sur les lieux propices aux bonnes rencontres.** En fonction de votre projet, il s'agira des lieux fréquentés par vos clients ou des lieux d'utilisation du produit acheté. Vous pouvez également pratiquer le porte-à-porte sur une zone résidentielle ou encore procéder à une enquête téléphonique.

→ **Utilisez également votre réseau de relations :** amis, voisins, membres de votre famille, parents d'élèves, collègues, etc. Tous sont susceptibles de vous aider en recueillant des informations auprès de leurs propres réseaux. Vous atteindrez ainsi très vite beaucoup de monde !

→ **Enfin, si votre produit ou service est totalement innovant** et que vous agissez surtout par intuition, vous pouvez avoir intérêt à réaliser une étude approfondie sur un petit nombre de personnes, ce que l'on appelle « étude qualitative ».

Elle consiste à faire réagir une quinzaine de personnes, bien ciblées, sur votre projet en entretien individuel.

> *Si vous pratiquez le porte-à-porte, évitez de donner l'impression que vous agissez pour le compte d'une grande entreprise ou d'une société de marketing. Jouez franc jeu ! Vous allez créer votre petite entreprise et vous avez besoin de leur aide pour réussir. C'est tout de même plus sympathique !*

Utilisez les informations recueillies

Vous voilà avec une somme d'informations, mais vous ne savez pas forcément comment les utiliser… Commencez par les classer pour vérifier qu'il ne vous manque aucun élément important.

À partir de ce moment, vous êtes en mesure de valider ou d'ajuster un certain nombre de points clés de votre projet :

Qu'allez-vous vendre ? Quels services allez-vous rendre ?

Maintenant que vous connaissez précisément les caractéristiques des produits et des services proposés sur le marché, les attentes de votre clientèle, ainsi que les pratiques de vos concurrents, il vous appartient de valider ou de rectifier vos premières hypothèses et de définir avec précision votre offre :

- → les produits ou services que vous prévoyez de vendre répondent-ils bien à un véritable besoin ? Si vous concluez par la négative, ne vous découragez pas et essayez de voir s'il est possible d'ajuster ou d'adapter votre offre ;
- → les produits ou services que vous prévoyez de vendre présentent-ils des avantages concurrentiels qui vous différencient par rapport à vos concurrents ?
- → le prix de marché — celui grâce auquel vous pourrez vendre avec des volumes suffisants — vous permettra-t-il de dégager une marge satisfaisante ? L'étape suivante, l'étude financière, vous aidera à répondre à cette question.

Recherchez les atouts de votre offre face à ceux de vos concurrents :
- *votre emplacement ;*
- *la personnalisation de vos prestations en fonction du type de clientèle ;*
- *votre disponibilité ;*
- *vos prix ;*
- *les services complémentaires proposés : livraison, conseil, disponibilité immédiate, diagnostic terrain, formation à l'utilisation, suivi de la clientèle...*

Ces différents éléments constituent vos « avantages concurrentiels ».

Quelle sera votre clientèle ?

L'identification précise de votre clientèle sera déterminante lorsque vous devrez réfléchir à votre stratégie de communication — le terme peut faire pompeux, mais il identifie tout simplement les moyens que vous utiliserez pour vous faire connaître — et engager votre prospection commerciale. Ces points seront détaillés dans la cinquième partie de ce guide ; il vous appartient cependant, à ce stade, d'identifier précisément votre clientèle.

p. 206

→ **Votre clientèle potentielle est-elle principalement une clientèle de proximité ?** Ce sera le cas si vous ouvrez un commerce ou proposez des services de proximité. Vos clients viendront chez vous essentiellement parce que vous êtes proche de chez eux. Essayez de quantifier ce marché potentiel, en étudiant la population de votre « zone de chalandise », puis efforcez-vous d'identifier la part de marché raisonnable que vous pourrez avoir, en prenant en compte le nombre de concurrents que vous avez sur cette zone.

→ **Votre clientèle potentielle est-elle attirée par un service original que vous proposez ou une compétence rare que vous possédez ?** Ce sera le cas si, par exemple, votre entreprise concerne la restauration de meubles anciens. Il est probable que vos clients seront prêts à faire quelques kilomètres (voire quelques centaines de kilomètres) pour venir chez vous. La quantification de ce marché est plus difficile à réaliser. Vous devrez surtout identifier quels sont les vecteurs qui vous permettront de vous faire connaître de manière à cibler votre action commerciale et votre communication : quelle

---

La zone de chalandise est l'espace géographique qui entoure un point de vente et dans lequel vivent, travaillent ou passent des clients potentiels.
Pour la déterminer, il faut avoir acquis une très bonne connaissance du site, en arpentant les rues, en observant attentivement ce qui s'y passe :
- *Comment vit le quartier à différents moments de la journée ?*
- *Quels sont les lieux les plus animés ?*
- *Quels sont les commerces qui semblent marcher le mieux ?*
- *Comment y circule-t-on ? etc.*

---

presse lisent vos clients potentiels ? Se rassemblent-ils régulièrement ? À quelles occasions, etc.

→ **Votre clientèle est-elle déjà connue de vous ou identifiée ?**

Dans l'affirmative, vous partez avec un atout certain, car votre action commerciale en sera simplifiée. Travaillez alors plus finement vos hypothèses :

- Quelle proportion de cette clientèle potentielle sollicitera effectivement vos services ?
- Quels sont les facteurs qui vous permettront d'augmenter ce chiffre ? Le bouche-à-oreille, probablement, mais comment le favoriser ?
- Cette clientèle identifiée, qui vous permettra probablement de démarrer, devra-t-elle être renouvelée par la suite ?
- Si oui, on en revient aux points précédents...

> *Il se peut aussi que vous ayez un nombre réduit de clients (voire un seul) générant un volume d'affaires suffisant pour vous permettre de démarrer sans souci votre activité. C'est un avantage certain, mais attention, cela risque de vous fragiliser : vous vous trouverez en situation de dépendance vis-à-vis de ce ou ces clients. Que l'un d'entre eux vous quitte et votre activité s'effondre !*
> *Le même raisonnement vaut d'ailleurs pour vos fournisseurs : essayez de ne pas dépendre d'un seul fournisseur pour vos achats stratégiques. La sagesse populaire le dit bien : « Ne mettez pas tous vos œufs dans le même panier ! »*

→ **Votre clientèle présente-t-elle une diversité suffisamment importante pour qu'il soit pertinent de segmenter votre offre de services ou de produits ?**

Si c'est le cas, essayez de définir des couples « produit ou service/type de clients » en déterminant :

- le plus simple ou le plus séduisant ;
- le produit d'accroche qui attirera le plus de clients ;
- celui qui vous permettra de les conserver et de les fidéliser ;
- celui qui dégagera vraisemblablement le plus de marge.

Les réponses à ces questions vous amèneront naturellement à envisager la meilleure façon de capter cette clientèle : bouche-à-oreille, publicité dans les journaux locaux ou dans les pages jaunes, site Internet, prospection téléphonique ou démarchage…

Il vous faudra probablement utiliser en parallèle plusieurs de ces techniques de prospection ; n'oubliez pas d'inclure leur coût dans vos comptes prévisionnels !

Quels seront vos concurrents ?

- Avez-vous identifié tous vos concurrents directs et indirects ? Si oui, quelle peut être leur réaction à votre arrivée sur le marché ? En effet, l'arrivée d'un nouvel acteur sur un marché qui « ronronnait » peut le modifier significativement : vos concurrents peuvent être tentés de baisser leurs prix ou de faire des promotions susceptibles de perturber vos prévisions.
- Y a-t-il parmi eux un concurrent « leader » ? Saurez-vous asseoir auprès de vos clients votre crédibilité ?
  Pour ce faire, développez un ou plusieurs avantages concurrentiels ou ciblez une niche de marché très précise qui vous distinguera.
- Vos concurrents sont multiples, l'offre peut être perçue par votre clientèle comme complètement banalisée. Avez-vous réfléchi à la façon dont vous vous présenterez pour vous distinguer ?

Vous n'avez pas de concurrent ? En êtes-vous certain ? Un conseil : reprenez votre étude car c'est un cas excessivement rare ! Votre idée est totalement nouvelle ? Prenez en considération, dans vos hypothèses, qu'elle sera sans doute reprise par d'autres plus ou moins rapidement.

Sur le marché du nettoyage de véhicules, offrir vos prestations dans les parkings d'entreprises pendant les heures de travail constitue ce que l'on appelle « une niche », c'est-à-dire un petit segment de marché encore non exploité sur une zone précise.

Quel sera votre chiffre d'affaires prévisionnel ?

À partir de votre étude commerciale, déterminez votre chiffre d'affaires prévisionnel, en prenant plusieurs hypothèses : une hypothèse optimiste et une hypothèse basse.

Contrôlez vos prévisions en leur donnant une dimension annuelle et une dimension journalière.

Si vous êtes prestataire de services, traduisez ces montants en nombre de clients à avoir en moyenne chaque jour, chaque semaine, chaque mois...

Vous pourrez ainsi juger de son réalisme, sachant qu'il serait déraisonnable de travailler jour et nuit !

Attention : tant que vous n'êtes pas immatriculé, vous ne pouvez procéder légalement à des offres de services. Rien ne vous empêche cependant de contacter vos futurs clients en qualité de « porteur de projet de création d'entreprise » et de recueillir des intentions d'achats ou de recours aux services de votre future entreprise. L'important est de ne pas tromper la clientèle en lui donnant l'impression que vous agissez pour le compte d'une entreprise régulièrement immatriculée.

Dans le cas d'une micro-entreprise, il est souvent très difficile de déterminer avec précision un objectif de chiffre d'affaires. Si vous vous trouvez dans cette situation, vous pouvez, avec l'aide d'un conseiller en création d'entreprise, raisonner de la manière suivante :

- De quel revenu voulez-vous disposer (par mois ou par an) ?
- Quelles charges approximatives devrez-vous supporter ? Faites une estimation de ces frais en vous aidant, si possible, des normes de la profession et en prévoyant une marge de sécurité (c'est-à-dire en les majorant).
- Le total vous donnera une idée du chiffre d'affaires minimum que vous devrez réaliser.

Une question se pose alors : ce chiffre d'affaires est-il réaliste et dans quelles conditions ?

Essayez de le rapprocher d'éléments tangibles : commandes sur le point d'être acquises, négociations en cours, résultat d'enquête quantitative, avis de plusieurs conseillers se recoupant, etc.

Ce chiffre d'affaires prévisionnel vous permettra de passer à l'étape suivante : l'établissement de vos comptes prévisionnels.

Avez-vous les moyens de vos ambitions ?

Vous venez d'achever votre étude commerciale. Vous avez vérifié que votre projet est pertinent, que votre produit ou service intéressera vraiment une clientèle potentielle : c'est un élément capital, car **sans clients, il n'y a pas d'entreprise !** Il vous faut désormais chiffrer votre projet et envisager son financement.

Vous pensez peut-être, comme beaucoup de micro-entrepreneurs, que vous êtes un cas atypique : votre activité ne nécessitera pas d'investissements, elle sera exercée en complément d'une autre activité, vous disposerez d'autres sources de revenus qui vous permettront de vivre... Si vous vous trouvez dans cette situation, vous êtes effectivement privilégié, mais à quoi servirait de vous lancer dans un tel projet s'il ne s'avérait pas rentable ?

La démarche que vous allez devoir suivre maintenant est logique :

- dans un premier temps, vous allez énumérer toutes les charges que vous devrez supporter ainsi que les recettes que vous comptez réaliser. Vous établirez ainsi votre compte de résultat prévisionnel et calculerez votre point mort ;
- dans un second temps, vous mettrez en regard les moyens indispensables à l'exercice de votre activité et les ressources que vous

êtes en mesure de réunir pour les financer. Vous construirez ainsi votre plan de financement prévisionnel ;

→ à ce stade, vous définircz lc besoin d'argent qui sera obligatoirement provoqué par votre activité (besoin en fonds de roulement) ainsi que la trésorerie qui sera nécessaire au bon fonctionnement quotidien de votre entreprise.

Évaluez vos dépenses et vos recettes

Votre étude commerciale vous a permis d'estimer, de manière réaliste, un chiffre d'affaires prévisionnel. La difficulté consiste désormais à évaluer précisément le montant de vos dépenses futures qu'on appelle « charges » en gestion. Certaines seront fixes, c'est-à-dire obligées et incompressibles, d'autres varieront en fonction de l'importance de votre activité. La différence entre vos recettes et vos charges de l'année (on utilise en gestion le terme « exercice » pour année) vous permettra de vous assurer que votre activité dégage un bénéfice suffisant.

> *Cette première étape a pour objectif de vous permettre de répondre à cette question : « Mon activité sera-t-elle rentable ? » Là encore, n'hésitez pas à vous faire aider par un professionnel : expert-comptable, boutique de gestion, organismes proposant un service d'accompagnement des porteurs de projet...*

→ **Important :** comme vous le verrez par la suite, si vous choisissez d'exercer votre activité en entreprise individuelle, vous serez soumis au régime fiscal dit de la « micro-entreprise », sauf si vous y renoncez en optant pour le bénéfice réel.

Le régime « micro-entreprise » a pour principal avantage de réduire au minimum vos obligations comptables, votre bénéfice étant déterminé par l'administration fiscale par application, sur le montant de vos recettes brutes, d'un abattement forfaitaire représentatif de frais. Vous n'aurez donc pas à calculer le montant de vos dépenses !

Cependant, à ce stade de votre projet, il est vivement conseillé d'effectuer, dans tous les cas, cette étude financière. Elle vous permettra tout d'abord de vérifier que votre projet est rentable, et elle sera très utile lorsque vous devrez choisir, par la suite, votre régime fiscal.

Quelles seront vos charges ?

Établissez une liste complète de vos charges. Certaines seront directement **liées à l'exercice de votre activité.** Elles se composent :

- **du montant annuel de vos achats :** matières premières, carburant, marchandises, fournitures de bureau, petits équipements (dont la valeur est inférieure à 500 € TTC), eau, électricité, etc. ;
- **des versements** que vous serez amené à effectuer à d'éventuels sous-traitants ;
- **de services extérieurs :** loyer, charges locatives, assurances, entretien du matériel et des locaux, frais de documentation, d'abonnement à des revues spécialisées, etc., sans oublier les frais d'affranchissement, de téléphone, de publicité (mailing, affichettes, cartes de visites...), de transport, de déplace-

Vous allez exercer votre activité chez vous ? Vous pourrez déduire votre loyer au prorata de la surface utilisée à titre professionnel. Il en sera de même pour vos charges : frais d'électricité, de chauffage, d'assurances, d'emploi d'une femme de ménage, de gardiennage... Déclarez une quote-part raisonnable que vous serez en mesure de justifier. Généralement la règle un tiers professionnel, deux tiers privé est acceptée sans trop de difficultés par l'administration fiscale.

Vous allez utiliser votre véhicule personnel pour les besoins de votre entreprise ? Si votre activité est libérale ou si vous créez une société, vous pourrez évaluer vos frais par référence au barème kilométrique forfaitaire publié tous les ans par l'administration fiscale pour les salariés. Si vous exercez une activité commerciale ou artisanale en entreprise individuelle, vous déduirez obligatoirement vos frais réels, à moins d'opter pour la comptabilité « super-simplifiée » permettant d'utiliser un barème « carburant » spécifique.

ment, d'emballage, ainsi que les honoraires payés à votre comptable ou à d'autres prestataires ;

→ **des impôts et taxes auxquels votre entreprise sera assujettie** (hors impôt sur les bénéfices) ; il s'agira principalement :

p. 151

- de la taxe professionnelle, que vous ne payerez qu'à compter de la deuxième année (c'est-à-dire de l'exercice suivant le 31 décembre de l'année de création) ;
- des taxes relatives aux véhicules : vignette, carte grise et taxe sur les véhicules de sociétés si vous avez apporté en nature votre véhicule au capital d'une SARL ;
- des taxes assises sur les salaires : taxe d'apprentissage par exemple ;

→ **de vos charges sociales et frais de personnel :** cotisations sociales des travailleurs non salariés, rémunérations des salariés, charges sociales sur salaires.

Certaines charges auront **un caractère financier :** il s'agira principalement des intérêts d'emprunt, des découverts, des agios…

Le troisième type de charges correspond aux **dotations aux amortissements.**

L'amortissement est une notion comptable permettant de prendre en compte chaque année la perte de valeur de certains de vos investissements, par exemple de votre ordinateur, de votre véhicule professionnel, de votre photocopieur... Lorsqu'un matériel est totalement amorti, sa valeur comptable est nulle.
Fiscalement, les amortissements pratiqués chaque année viennent en déduction du bénéfice imposable de l'année considérée. L'objectif

est de reconstituer progressivement un capital dans le but de remplacer le matériel amorti.

La durée et le taux d'amortissement sont fonction de la durée probable d'utilisation du bien :

Ce qui peut être amorti	Ce qui ne peut pas être amorti
Frais d'établissement : sur 5 ans	Marques
Brevets, licences : sur 5 ans	Fonds de commerce
Matériel de bureau, mobilier : sur 5 à 10 ans	Droit au bail
Micro-ordinateurs : sur 3 ans	Terrains
Véhicules : sur 4 à 5 ans	Œuvres d'art
Constructions : sur 20 à 50 ans	
Installations techniques : sur 5 à 10 ans	
Agencements, aménagements : sur 10 à 20 ans	

Une immobilisation peut être amortie :

→ **de façon linéaire** en déduisant chaque année la même somme. Ce type d'amortissement peut s'appliquer à tous les biens, mais il est obligatoire pour ceux d'occasion. Le taux d'amortissement linéaire est fonction de la durée normale d'utilisation du bien (les durées couramment admises sont indiquées dans le tableau ci-dessus).
Par exemple, si la durée normale d'utilisation est fixée à cinq ans, le taux d'amortissement sera égal à : 100/5 = 20 % ;

Si vous apportez à votre entreprise un micro-ordinateur acquis un an auparavant pour vos besoins personnels, il sera considéré comme un bien d'occasion amortissable en linéaire sur trois ans. Si sa valeur de revente peut être évaluée à 1 500 €, vous passerez ainsi en charge 500 € chaque année pendant vos trois premières années d'activité.

→ **de façon dégressive** en déduisant des sommes plus importantes durant les premières années. Ce système a été institué pour encourager les entreprises à investir. Il est réservé aux biens neufs ayant une durée d'utilisation au moins égale à 3 ans.

En cas d'acquisition d'un bien en cours d'exercice, l'amortissement au titre de la première année doit être réduit « prorata temporis ».

Ainsi un matériel acquis en mars 2009, d'une valeur de 5 000 €, ayant une durée d'utilisation de cinq ans, sera amorti, la première année, à hauteur de :

- *1 000 € × 10/12 en utilisant le mode linéaire ;*
- *1 750 € × 10/12 en utilisant le mode dégressif.*

Le taux d'amortissement dégressif s'obtient en multipliant le taux de l'amortissement linéaire par un coefficient variant selon la durée normale d'utilisation du bien :

Durée normale d'utilisation	Coefficient
3 ou 4 ans	1,25
5 ou 6 ans	1,75
Supérieure à 6 ans	2,25

Le taux obtenu s'applique :

→ la première année sur la valeur d'origine du bien ;

→ les années suivantes : sur la valeur résiduelle comptable du bien (valeur d'origine du bien – amortissements pratiqués les années précédentes).

Construisez votre compte de résultat prévisionnel

Vous disposez désormais de toutes les indications pour établir votre « **compte de résultat prévisionnel** ».

Il s'agit d'un tableau retraçant l'activité de votre entreprise, permettant de recenser :

→ dans la partie gauche, l'ensemble des charges de l'exercice ;

→ et dans la partie droite, les produits (recettes) de l'exercice.

Compte de résultat prévisionnel sur trois ans

Charges[1]			
	1re année	2e année	3e année
Achats			
Sous-traitance			
Fournitures			
Eau, électricité...			
Fournitures de bureau			
Petits équipements...			
Charges externes			
Loyer (local)			
Domiciliation			
Assurances			
Crédit-bail			
Entretien des locaux			
Entretien du matériel			
Documentation, abonnements...			
Autres charges externes			
Honoraires			
Frais de timbres			
Téléphone			
Publicité			
Frais de transport			
Emballages et conditionnement			
Voyages et déplacements			
...			
Impôts et taxes			
Taxe professionnelle			
Autres impôts et taxes			
Frais de personnel			
Dotation aux amortissements			
Charges financières			
Intérêts d'emprunts			
Agios			
Charges exceptionnelles			
Bénéfice			
Total			

1. Classées par référence au plan comptable.

Compte de résultat prévisionnel sur trois ans (suite)

PRODUITS			
	1RE ANNÉE	2E ANNÉE	3E ANNÉE
CHIFFRE D'AFFAIRES PRÉVISIONNEL			
PRODUITS FINANCIERS			
INTÉRÊTS ENCAISSÉS			
PRODUITS EXCEPTIONNELS			
PERTE			
TOTAL			

La différence entre les deux colonnes permet de s'assurer que l'activité dégage un bénéfice suffisant. Tous les montants sont à porter hors taxes, sauf si vous n'êtes pas assujetti à la TVA.

Dans le cas d'une micro-entreprise, le compte de résultat prévisionnel est effectué sur une année. Vous pouvez cependant, pour avoir une bonne visibilité de la progression de vos charges, effectuer cette évaluation sur 3 ans.

Calculez votre « point mort »

Quel chiffre d'affaires minimum devrez-vous réaliser pour ne faire ni bénéfice, ni perte et donc pour couvrir l'ensemble de vos charges ?

Le calcul de ce chiffre d'affaires minimum correspondant à votre « point mort », appelé également « seuil de rentabilité », suppose dans un premier temps que vous distinguiez :

- → vos charges « fixes », qui ne varieront pas en fonction de votre niveau d'activité ;
- → et vos charges « variables », qui, comme leur nom l'indique, varieront avec votre volume d'activité.

Vos « charges fixes » correspondent aux loyers de vos locaux et du matériel loué ou financé par crédit-bail, aux frais d'abonnement à des revues, à des bases de données, aux frais de gestion, d'eau, d'électricité, de téléphone, de chauffage, de communication, aux redevances, assurances, remboursements de crédits...

Les « charges variables » sont composées des achats de fournitures, de matières premières, des frais de transport, de déplacement, de sous-traitance...

Votre objectif doit naturellement être de diminuer au maximum vos charges fixes.

Le calcul du point mort s'effectue en appliquant les formules suivantes :

chiffre d'affaires prévisionnel HT – charges variables = **marge sur coûts variables**

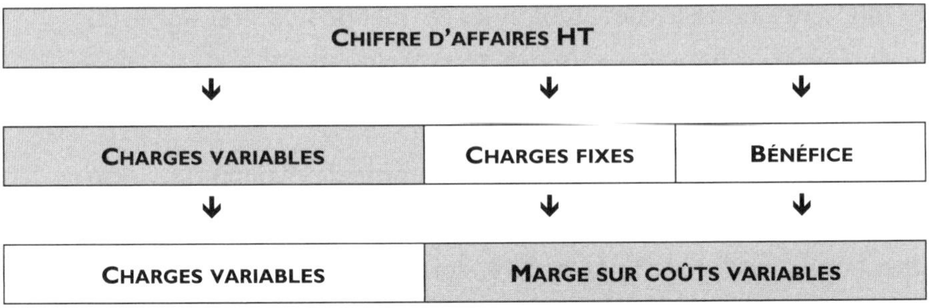

Marge sur coûts variables/CA = **taux de marge sur coûts variables**

Votre point mort (ou seuil de rentabilité) correspondra aux charges fixes divisées par le taux de marge sur coûts variables.

Si, après avoir effectué ce calcul, vous vous apercevez que votre chiffre d'affaires prévisionnel n'atteint pas ce point mort, il ne vous reste plus qu'à trouver des solutions pour diminuer vos charges fixes.

Cette seconde étape doit vous permettre de répondre à la question suivante : « Combien devrai-je apporter pour démarrer et faire tourner mon entreprise ? »

Déterminez les besoins indispensables à votre entreprise et la manière de les financer

Quels seront vos besoins indispensables ?

Ils seront différents en fonction du type d'activité que vous allez exercer et vraisemblablement minimes s'agissant de micro-entreprises.

Ils se composent :

p. 204

→ **des frais d'établissement,** relatifs à la création de votre entreprise : frais d'immatriculation, de première publicité... ;

→ **des investissements** nécessités par votre activité (moyens de production et d'équipement) :

- achat de matériels, de mobilier, d'ordinateur, de téléphone-fax, de véhicule, frais d'agencement de votre local... Ils représentent vos « investissements corporels » ;

En gestion, les investissements sont appelés « immobilisations ». C'est ainsi qu'ils seront identifiés dans le premier bilan de votre entreprise.

- frais de dépôt d'une marque, de droit au bail, de licence... Ils représentent vos « investissements incorporels » ;
- frais éventuels de dépôts de garantie (si vous louez un local spécifique par exemple), de cautionnements... Ils correspondent à vos « investissements financiers ».

Ces investissements sont retenus HT si vous êtes soumis à la TVA et donc susceptible de la récupérer ;

→ des dépenses que vous allez, en permanence, devoir engager avant même d'être payé, que l'on nomme « **besoin en fonds de roulement** » **(BFR).**

Calculez votre BFR

Le besoin en fonds de roulement s'obtient en appliquant la formule suivante :

BFR = Stocks moyens HT + Créances clients TTC – Crédits fournisseurs TTC

→ **Stocks moyens :** vous devez prendre en considération les stocks minimum de matières premières, de produits en cours de fabrication et de produits finis dont vous devrez

Exemple de calcul du BFR

Nombre de jours de stocks nécessaires : 15
Stock annuel : 15 000 €
stocks minimum
= 15 × (15 000/360)
= 625 €
Délai de paiement des clients : 15 jours (ou de réalisation)
CA annuel TTC 45 000 €
Créances client
= 15 × (45 000/360)
= 1 875 €

disposer en permanence pour exercer votre activité dans des conditions normales.

Si votre activité est libérale ou ne nécessite pas la constitution de stocks, il vous faudra déterminer le coût d'une journée de travail (à commencer par votre propre rémunération, charges comprises), et évaluer le nombre moyen de journées que vous devrez en permanence exécuter avant de pouvoir présenter une facture.

→ **Créances clients :** si, comme beaucoup d'entrepreneurs, les usages de votre profession vous conduisent à consentir des délais de paiement aux clients, vous devrez évaluer la moyenne des sommes qui seront en permanence facturées à vos clients mais non encore réglées.

→ **Crédits fournisseurs :** il correspond au montant moyen des factures qui ne seront pas acquittées à vos fournisseurs, en fonction des délais de paiement qu'ils vous accorderont de manière permanente.

Doit également être pris en compte le montant moyen d'acomptes versés par les clients à la commande, conformément aux usages de votre profession.

Délai de paiement des fournisseurs : 30 jours
achats annuels 15 000 €
Dettes fournisseurs
= 30 × (15 000/360)
= 1 250 €

Dans notre exemple, le BFR correspondra à :
625 + 1 875 - 1 250
= 1 250 €

La notion de BFR est extrêmement importante. Sa sous-évaluation constitue souvent une cause de difficultés des entreprises nouvelles.

En procédant à ce calcul, il se peut que vous trouviez un BFR négatif. Ce sera le cas notamment si vous n'avez pas ou peu de stock et si vos clients vous payent immédiatement dès réception de vos factures. Situation idéale !

Vos ressources

Vos ressources se composent :

→ de vos apports personnels, c'est-à-dire des sommes que vous avez décidé d'apporter à votre entreprise, qu'elles proviennent de vos économies, de dons ou de prêts de votre entourage ;

→ d'éventuelles primes, subventions accordées par les collectivités locales ou par votre employeur dans le cadre d'un plan social par exemple ;

→ le cas échéant, si vous en remplissez les conditions, d'une avance remboursable délivrée par la Direction départementale du travail, de l'emploi et de la formation professionnelle ;

→ de sommes empruntées.

Vous pouvez à présent construire votre « plan de financement initial » :

BESOINS	MONTANT HT	RESSOURCES	MONTANT HT
FRAIS D'ÉTABLISSEMENT		APPORTS PERSONNELS	
INVESTISSEMENTS		PRIMES - SUBVENTIONS	
BESOIN EN FONDS DE ROULEMENT		AVANCE REMBOURSABLE	
		EMPRUNTS	

Un principe : les besoins et les ressources doivent toujours être équilibrés.

Pour mettre un maximum de chances de votre côté, vous pouvez élaborer votre plan de financement sur **trois ans,** particulièrement si vous prévoyez une montée progressive de votre activité.

Il vous suffit de reproduire le tableau ci-dessus en lui adjoignant :

→ des colonnes supplémentaires correspondant à l'année de création (N), l'année N+1 et l'année N+2 ;

→ ainsi que trois nouvelles rubriques :

- l'augmentation du besoin en fonds de roulement (BFR) : si vous prévoyez une progression de votre activité, faites également augmenter le BFR de manière corrélative.
  Imaginez une voiture : plus elle roule vite, plus sa consommation en carburant augmente ;
- vos prélèvements, si vous exercez en entreprise individuelle (dividendes si vous êtes en société) ;
- votre capacité d'autofinancement : elle correspond à votre bénéfice après impôt auquel il convient d'ajouter la dotation aux amortissements de l'exercice.

Plan de financement sur trois ans

Besoins	N	N+1	N+2	Ressources	N	N+1	N+2
Frais d'établissements				Apports personnels			
Investissements				Primes, subventions…			
Besoin en fonds de roulement				Capacité d'autofinancement			
Augmentation du BFR				Avance remboursable			
Remboursement des emprunts				Emprunts			
Prélèvements de l'exploitant (ou dividendes)							
				Excédent			

Il est souhaitable que votre excédent représente la première année entre 10 et 20 % de votre capacité d'autofinancement et naturellement qu'il augmente par la suite.

Si possible, ne vous contentez pas de construire des comptes prévisionnels basés sur une seule hypothèse de chiffre d'affaires. Il est prudent d'en envisager deux autres : une pessimiste qui prendra en considération une demande du marché inférieure à vos prévisions, et une autre, plus optimiste. Dans l'hypothèse pessimiste, vous vérifierez que vous pourrez « réduire la voilure » et dégager une marge positive malgré des recettes moins fortes que prévu. Dans l'hypothèse optimiste, vous vous assurerez que vous pourrez gérer cette croissance et répondre à la demande du marché sans procéder à des investissements déraisonnables.

p. 166

Anticipez les problèmes de trésorerie

Un point essentiel de votre projet : ne confondez pas bénéfice et trésorerie ! Même si votre entreprise fonctionne bien, si vous avez des clients solvables, vous vous retrouverez peut-être un jour ou l'autre dans l'incapacité de régler vos charges et vos achats, faute d'argent disponible dans les caisses…

Ainsi, en début d'activité, vous aurez à payer aux organismes sociaux des charges forfaitaires totalement indépendantes de vos rentrées d'argent, charges qui seront régularisées l'année suivante.

Si vous ne prévoyez pas ce type de situation, vous serez contraint de négocier un découvert bancaire, généralement très coûteux et difficile à obtenir « en catastrophe ».

Votre plan de trésorerie doit donc vous permettre :

→ de définir précisément les périodes pendant lesquelles vous aurez un besoin particulier de trésorerie ;

→ d'évaluer quantitativement ce besoin ;

→ et donc d'envisager par avance des solutions de financement appropriées.

Votre plan de trésorerie se présente de la manière suivante :

	JANV.	FÉV.	MARS	AVRIL	...
SOLDE EN DÉBUT DE MOIS (1)					
ENCAISSEMENTS TTC (2) VENTES - PRESTATIONS ENCAISSÉES TVA RÉCUPÉRÉE EMPRUNTS CONTRACTÉS...					
DÉCAISSEMENTS TTC (3) PAIEMENT DE MARCHANDISES, DE MATIÈRES PREMIÈRES... IMPÔTS, TAXES... CHARGES SOCIALES CHARGES FINANCIÈRES REMBOURSEMENT D'EMPRUNTS ETC.					
(1) + (2) – (3)					

Il vous manque de l'argent, où en trouver ?

Si vous devez acheter un stock ou du matériel, prenez en considération que leur financement se fera TTC. Or le remboursement de votre crédit de TVA ne pourra s'effectuer que trimestriellement.

Vous venez de faire vos comptes... vos apports ne suffisent pas ? Surtout ne vous découragez pas et envisagez toutes les solutions.

Le coup de pouce des amis et de la famille

Trois solutions sont possibles si votre entourage accepte de vous aider.

→ Le prêt entre particuliers : surtout évitez le « main à la main ». Rédigez un contrat de prêt et faites-le enregistrer auprès du centre des impôts avant le 15 février de l'année suivant sa conclusion.

Le contrat doit spécifier les noms et coordonnées des parties, le montant, le rythme de remboursement et le taux pratiqué.

Attention : un prêt non formalisé par un contrat enregistré serait considéré par l'administration fiscale comme un revenu taxable à l'IRPP !

→ Le don : savez-vous que les donations de sommes d'argent sont exonérées de droits de mutation jusqu'à 31 271 €, lorsqu'elles sont effectuées par une personne de moins de 65 ans au profit d'un enfant, petit-enfant ou arrière petit-enfant majeur (ou émancipé), ou, à défaut de filiation, au profit d'un neveu ou d'une nièce ?
Il existe par ailleurs une autre mesure d'exonération qui concerne les donations réalisées jusqu'au 31 décembre 2010, par toute personne (quel que soit son âge) à un de ses descendants créateur ou repreneur d'entreprise. Cette exonération est, quant à elle, limitée à 30 000 €.
Renseignez-vous auprès de votre centre des impôts ou de votre notaire.

→ La souscription au capital de votre société.
La création d'une SARL peut être attrayante pour de futurs associés : elle permet en effet de leur faire bénéficier, à titre personnel, d'une réduction d'impôt égale à 25 % des sommes souscrites plafonnées annuellement à 50 000 € pour une personne seule et à 100 000 € pour un couple marié ou pacsé[1].

Un bon argument à connaître pour convaincre vos proches d'investir dans votre SARL : s'ils versent 2 000 € au capital, il récupéreront, dès l'année de création, 500 € sous forme de réduction d'impôts.

1. Article 199 *terdecies* OA du Code général des impôts.

Les aides financières

Les aides financières peuvent prendre plusieurs formes.

Les subventions

Attention, ne vous attendez pas à trouver pléthore de primes et subventions ! Celles-ci sont généralement réservées aux projets innovants et/ou nécessitant des investissements importants et créant un certain nombre d'emplois. Les micro-activités en sont donc souvent exclues.

Il en existe très peu, au niveau national, susceptibles de concerner des micro-projets. Rapprochez-vous plutôt du service d'action économique de votre conseil régional, compétent en matière d'aides aux entreprises. On ne sait jamais…

- Si vous êtes demandeur d'emploi indemnisé, vous pouvez obtenir du Pôle emploi (Assedic) le versement d'un capital représentant la moitié du reliquat de vos droits. Ce capital sera versé pour moitié lors de l'immatriculation de l'entreprise, et pour moitié, six mois après le début d'activité.
- Si vous percevez le RMI, l'ASS (allocation de solidarité spécifique) ou l'API (allocation parent isolé), vous pouvez prétendre jusqu'au 31 mai 2009 à une prime de 1 000 € qui vous sera versée à compter du 4e mois suivant le début d'activité. Renseignez-vous auprès de l'organisme qui vous verse vos prestations.
- Une aide à connaître pour les jeunes de 18 à 30 ans : **Defi-jeunes.** Il s'agit d'un soutien au montage de projets par les jeunes, prenant la forme de conseils, d'un accompagnement et d'une aide financière d'un montant compris entre 2 000 et 6 000 €. Cette aide fait partie d'**Envie d'agir,** un programme global visant à encourager, soutenir et valoriser l'esprit d'initiative des jeunes. Tentez votre chance !

  Toutes les informations pratiques sont sur : *www.enviedagir.fr*

→ Si vous êtes handicapé bénéficiaire de la loi du 10 juillet 1987, rapprochez-vous de l'Agefiph, qui pourra vous octroyer une aide pouvant aller jusqu'à 12 000 €.

p. 231

→ Enfin sachez qu'en dehors des aides publiques, il existe un certain nombre d'institutions à caractère national ou de fondations qui aident des projets de création de micro-entreprises. Consultez le site Internet de l'APCE : *www.apce.com,* rubrique « Qui peut vous aider ? ».

Les prêts et avances remboursables

Là encore, ce type d'aide est généralement mis en place par les régions. Renseignez-vous auprès des organismes locaux d'accueil des créateurs ou du service d'action économique de votre conseil régional.

Au niveau national, un nouveau dispositif vient de voir le jour. Il s'intitule « parcours Nacre » (Nouvel accompagnement pour la création et la reprise d'entreprise) et se met en place progressivement dans les régions.

Nouveau ! Le parcours Nacre (Nouvel accompagnement pour la création et la reprise d'entreprise) remplace, depuis le 1er janvier 2009, l'avance remboursable Eden et les chéquiers conseils.

Il s'agit d'un dispositif global ayant pour objectif de donner aux porteurs de projet le maximum de chances de réussite et comprenant notamment une aide financière sous forme de prêt à taux zéro et sans garantie. Vous pourrez y prétendre si vous êtes :

- soit demandeur d'emploi indemnisé ou bénéficiaire de l'ASS ;
- soit demandeur d'emploi non indemnisé inscrit ou ayant été inscrit au Pôle emploi (ex-ANPE) 6 mois au cours des 18 derniers mois ;

- soit bénéficiaire du RMI ou de l'API (qui deviendront prochainement le RSA) ;
- soit âgé de moins 25 ans (ou moins de 30 ans sous certaines conditions), ou de 50 ans et plus ;
- soit titulaire d'un contrat d'appui au projet d'entreprise (Cape) ;
- soit bénéficiaire des prestations d'accueil pour jeune enfant « complément libre choix d'activité » (CLCA).

Ce prêt, d'un montant de 1 000 à 10 000 €, est attribué pour une durée maximale de 5 ans, après expertise de votre projet dans le cadre d'un parcours d'accompagnement par un organisme labellisé. Il doit être couplé avec un prêt bancaire dont le montant et la durée doivent être au moins équivalents à la durée du prêt à taux zéro. Pour savoir si ce dispositif est opérationnel dans votre région et obtenir les coordonnées des organismes labellisés pour le gérer, contactez votre Direction régionale du travail, de l'emploi et de la formation professionnelle (DRTEFP).

Les garanties d'emprunt

L'objet de ce type d'aide est de vous faciliter l'accès à un emprunt bancaire, en apportant à la banque les garanties nécessaires.

Plusieurs fonds ont été mis en place à l'initiative des régions et des départements, mais l'accès à ces garanties est souvent difficile. Rapprochez-vous de votre conseil général et de votre conseil régional.

→ Si vous êtes une femme, sachez qu'un dispositif national est susceptible de garantir votre emprunt bancaire à hauteur de 70 % de son montant dans une limite de 27 000 €. Il s'agit du **FGIF** (Fonds de garantie à l'initiative des femmes).

Renseignez-vous auprès de France active garantie (FAG), organisme gestionnaire de ce fonds (*www.france-active.org*) ou auprès de France Initiative (*www.france-initiative.fr*).

p. 234

→ Si vous êtes sans emploi, ou en situation de précarité économique, vous pourrez solliciter la garantie **France active** à hauteur de 65 % de votre emprunt et dans une limite de 30 500 €. *www.franceactive.org*

Vous pourrez également solliciter le **Secours catholique** qui peut accorder sa garantie à hauteur de 80 % du prêt bancaire, dans une limite de 6 100 €. *www.secours-catholique.asso.fr*

Emprunter de l'argent

Il faut bien le reconnaître, il n'est pas toujours facile d'obtenir un prêt bancaire lorsque l'on est micro-entrepreneur. La gestion de prêts de faibles montants est difficilement compatible avec les exigences du système bancaire traditionnel. Mais il existe des solutions !

Le PCE : Prêt à la création d'entreprise

Ce prêt, octroyé par Oséo, peut financer les frais liés au lancement de votre entreprise : la constitution de votre fonds de roulement, vos investissements immatériels, vos éventuelles pertes de démarrage… bref tout ce qui n'est pas finançable avec un prêt classique. Son montant est compris entre 2 000 et 7 000 €. Il doit obligatoirement être accompagné d'un concours bancaire à moyen ou long terme (prêt, crédit-bail…). Tous les renseignements utiles sur ce prêt vous seront fournis par votre banquier.

À noter : le PCE est cumulable avec la nouvelle aide financière Nacre (Nouvel accompagnement pour la création et la reprise d'entreprise), que nous avons évoquée précédemment.

Les prêts solidaires

Si vous avez eu, par le passé, des problèmes bancaires et si vous êtes exclu des circuits financiers classiques, rapprochez-vous de ces organismes qui pourront peut-être vous proposer un financement adapté à votre situation :

→ **L'Adie,** Association pour le droit à l'initiative économique : *www.adie.org.* Niveau d'intervention : 10 000 € maximum ;

→ **La Nef,** société financière spécialisée dans les domaines de l'éducation, de l'art, de la culture, de la réinsertion, de l'agriculture bio, de la santé, du commerce équitable… : *www.lanef.com.* Niveau d'intervention : de 10 000 à 125 000 € ;

→ **Racines,** pour les femmes créatrices : *www.racines-clefe.com.* Niveau d'intervention : 7 600 € maximum.

Les prêts d'honneur

Si vous n'avez pas suffisamment d'apports personnels pour solliciter un emprunt bancaire par exemple, ces organismes peuvent vous accorder un prêt personnel, sans intérêts et sans demande de garantie.

→ **France Initiative,** qui fédère 245 plates-formes d'initiatives locales : *www.france-initiative.fr.*
Niveau d'intervention : de 1 500 à 30 000 €.

→ **Réseau Entreprendre,** pour les projets un peu plus importants : *www.reseau-entreprendre.org.*
Niveau d'intervention : 45 000 € maximum.

→ **France active :** *www.franceactive.org.*
Niveau d'intervention : 10 000 € maximum.

Les prêts bancaires

Certaines banques affichent leur volonté de financer la création d'entreprises. Il en est ainsi par exemple de la Banque Populaire, du CIC, de LCL, de la HSBC, de la BNP-Paribas, etc.

Pour les solliciter, vous devrez préparer un dossier complet (plan d'affaire) démontrant que votre projet est solide et présente des garanties de rentabilité. Vous devrez également avoir un apport personnel correspondant à environ 30 % de vos investissements. Cet apport sera constitué de vos économies, complétées éventuellement par un prêt d'honneur (voir ci-dessus).

Retenez bien les trois principes suivants :

- *le prêt d'honneur vous permet de compléter vos fonds propres (apports personnels) ;*
- *le prêt bancaire peut financer jusqu'à 70 % de vos investissements ;*
- *le PCE finance les frais liés au lancement de votre entreprise.*

Créer une SARL et ouvrir votre capital à des clubs d'investissement

Un certain nombre d'organismes et de clubs investissent de petites sommes d'argent dans des micro-entreprises en création ayant une vocation sociale. Quelques exemples :

→ **Associations Love money pour l'emploi :** *www.love-money.org*

→ **Cigales,** clubs d'investisseurs pour une gestion alternative et locale de l'épargne : *www.cigales.asso.fr*

p. 232

→ **Garrigue :** *www.garrigue.net*

→ **FinanCités,** société de capital-risque solidaire destinée aux micro-entrepreneurs des quartiers : *www.financites.fr*

→ **Sifa,** Société d'investissement France active : *www.franceactive.org*

Il est temps désormais **d'effectuer une synthèse de vos** réflexions **et des** informations **recueillies. Ce *travail*** vous permettra **d'adapter votre projet en *conséquence*.**

Quels sont vos produits ou vos services principaux et complémentaires ? À quel prix pensez-vous les vendre ?

Quels sont vos principaux concurrents ? Avez-vous étudié leur offre, leurs prix, leurs moyens de publicité et de promotion ?

Quels sont les « plus » que vous apporterez par rapport à la concurrence ?

Quels sont vos types de clients ? Qu'attendent-ils de vous et de vos prestations ?

Avez-vous évalué votre chiffre d'affaires prévisionnel ?

De quels moyens aurez-vous besoin pour atteindre ce chiffre d'affaires ?

Avez-vous chiffré précisément vos charges d'exploitation ? Quel chiffre d'affaires minimum devrez-vous réaliser pour les couvrir ?

Vos apports financiers sont-ils suffisants pour couvrir la totalité de vos besoins, y compris ceux qui vous permettront d'attendre vos premières recettes ?

3

Habillez votre projet : choisissez une structure !

CETTE FOIS, votre projet prend forme. Vous avez vérifié sa faisabilité en effectuant une étude commerciale suivie d'une étude financière sérieuse. L'étape suivante consiste à « habiller » votre projet afin qu'il puisse voir le jour en toute légalité. Même en matière de micro-entreprise, nous verrons que plusieurs options s'offrent à vous : costume sobre et bon marché ou bien plus chic mais également plus cher ! À vous de faire votre choix…

▷ Les structures applicables à un micro-projet

Il n'existe pas de structure « miracle ». Chacune présente des avantages et des inconvénients qu'il convient de discerner. À ce stade, il est indispensable que vous compreniez les grands principes qui régissent le choix d'une structure et surtout ses conséquences juridiques, sociales et fiscales.

Quelques explications préalables

Plusieurs **explications préalables** s'imposent pour la bonne compréhension de ce chapitre que vous redoutez peut-être...

Quel est votre but ?

Votre choix va tout d'abord dépendre du but initial que vous vous êtes fixé : vous enrichir ou non !

- → Si vous créez une micro-entreprise pour « vivre un projet », initier des jeunes à la pratique d'un sport, favoriser un retour à des valeurs écologiques, aider des personnes en difficulté à se réinsérer, faciliter l'accessibilité à certains biens et services, ou tout simplement parce que vous n'êtes pas encore sûr de vous et que vous souhaitez tester votre produit ou votre service avant de vous lancer réellement, la création d'une association à but non lucratif peut être une bonne solution.
- → Si vous créez une micro-entreprise dans le but — tout à fait légitime — de réaliser des profits, l'association ne présentera plus d'intérêt pour vous. Il vous faudra créer une véritable entreprise à but lucratif.

Entreprise individuelle ou société ?

La différence entre ces deux grands types de structures est simple à comprendre :

Dans **l'entreprise individuelle,** votre entreprise et vous-même ne formez qu'une seule et même personne. Partant de ce principe, on devine, d'entrée de jeu, le principal avantage ainsi que le principal inconvénient de cette structure : sa constitution et son fonctionnement sont simples (voire très simples si vous optez pour le régime de l'auto-entrepreneur), mais votre responsabilité est illimitée, patrimoines personnel et professionnel étant juridiquement confondus.

Ne confondez pas activité et structure juridique. « Exercer en profession libérale » ne correspond pas à un statut particulier, mais à un type d'activité. Quelle que soit votre profession – consultant, agriculteur, architecte ou plombier – à partir du moment où vous souhaitez l'exercer dans un but lucratif, vous avez exactement le même choix de base à effectuer : devenir entrepreneur individuel ou constituer une société !

Activité commerciale, artisanale, libérale, agricole (exercée dans un but lucratif)

Entreprise individuelle	Société
Une seule personne : vous	Au minimum 2 « personnes » : – une personne morale : l'entreprise – une ou plusieurs personnes physiques : vous et vos associés
Simplicité de constitution et de fonctionnement Possibilité d'opter pour le régime ultra-simplifié de l'auto-entrepreneur	Formalisme à respecter
Confusion entre votre patrimoine personnel et votre patrimoine professionnel	Séparation des patrimoines

Si, à l'issue de cette étude, vous décidez au contraire de constituer **une société,** vous donnerez naissance à une nouvelle personne, totalement distincte de vous-même, que l'on nomme « personne morale ». Votre patrimoine sera donc protégé, les créanciers de l'entreprise ne pouvant saisir que ce qui lui appartient ; cependant vous n'agirez pas en votre nom, mais au nom et pour le compte d'une autre personne, votre entreprise. Il faudra donc y mettre les formes, rendre des comptes et veiller à ne pas utiliser les biens de l'entreprise comme s'il s'agissait des vôtres.

Quel type de société pour une micro-entreprise ?

Vous avez certainement entendu parler de nombreux types de sociétés : SNC, EURL, SA, SAS, SARL, SCOP, SCM... Toutes ne sont naturellement pas à conseiller dans le cadre de la micro-entreprise. En effet :

- Certaines demandent un apport initial démesuré par rapport aux besoins de petits projets : il s'agit principalement de la société anonyme (SA) dont le capital minimal est fixé à 37 000 €...
- D'autres présentent des risques considérables pour leurs associés : c'est le cas de la société en nom collectif (SNC), dans laquelle chaque associé est solidairement et indéfiniment responsable. Imaginons que vous soyez associé à hauteur de 10 % du capital d'une SNC et que celle-ci se retrouve dans l'obligation de déposer le bilan en laissant derrière elle un passif. Une fois les biens de la société vendus, les créanciers pourront saisir la totalité des vôtres pour payer les dettes de l'entreprise, à charge pour vous de vous faire rembourser par vos co-associés. Vous l'avez compris, la SNC est à déconseiller radicalement !

> *Bien que la SNC ait un patrimoine distinct de celui de ses associés, les créanciers, s'ils sont impayés, peuvent se retourner contre l'associé le plus solvable et lui demander le règlement de la totalité de leur créance. C'est ce que l'on appelle « être solidairement responsable ».*
>
> *Les associés doivent donc bien se connaître et avoir confiance les uns dans les autres !*

→ D'autres n'ont pas pour objet d'exercer en commun une activité professionnelle, mais de faciliter l'exercice de l'activité de ses membres. C'est le cas de la société civile de moyens, composée essentiellement de professionnels libéraux et dont l'objet est de mettre en commun des moyens pour partager des frais : locaux, matériel, standard, personnel d'accueil... C'est une structure intéressante pour réaliser des économies, mais il faut au préalable que vous ayez créé votre entreprise.

Vous trouverez en annexe 2 un tableau récapitulatif comparant les principales structures juridiques qui s'offrent à vous.

Restent la société à responsabilité limitée (SARL) et sa variante l'entreprise unipersonnelle à responsabilité limitée (EURL), qui représentent certainement aujourd'hui les types de sociétés les mieux adaptés aux micro-projets.

L'entreprise individuelle

L'entreprise individuelle est sans aucun doute le mode le plus simple et le plus naturel pour exercer une micro-activité.

Les pouvoirs publics viennent d'ailleurs de rendre ce statut encore plus accessible en instituant le **régime de l'auto-entrepreneur.**

En optant pour ce régime, vous bénéficiez d'un ensemble de mesures qui vous permettent d'exercer une petite activité professionnelle indépendante très facilement, de façon régulière ou ponctuelle et en minimisant les démarches administratives. La grande innovation de ce régime, c'est qu'il vous permet de démarrer votre activité très rapidement

Gardez en permanence à l'esprit ce principe de base qui vous aidera à comprendre les différentes conséquences de ce statut : vous et votre entreprise ne formez qu'une seule et même personne !

et de payer vos charges sociales et fiscales au fur et à mesure de vos encaissements, et uniquement en cas d'encaissements !

Mais attention, ce régime ne s'adapte pas à toutes les situations : par exemple, si vous devez acheter du matériel et/ou des stocks, ou si vous devez recourir à des sous-traitants, vous ne pourrez déduire vos frais réels de votre chiffre d'affaires...

p. 259 et 278

Il faut donc peser le pour et le contre : reportez-vous au cahier spécial consacré à ce régime.

Les fonds nécessaires pour créer votre entreprise individuelle

Il n'y a pas de notion de « capital social minimal » dans l'entreprise individuelle. Les fonds que vous devrez apporter correspondent aux besoins que vous avez évalués au cours de votre étude financière. Certaines entreprises individuelles pourront donc être constituées avec très peu de fonds propres, d'autres nécessiteront de réaliser des investissements et/ou de prévoir un fonds de roulement plus important.

Son fonctionnement

Vous êtes le seul patron de votre entreprise : vous disposez en effet des pleins pouvoirs pour la diriger et prenez seul les décisions.

→ Cela ne signifie pas que vous soyez obligé de travailler seul.

- Vous pouvez tout d'abord, si le besoin s'en fait sentir, embaucher un ou plusieurs salariés. Il existe un certain nombre d'aides pour l'embauche de salariés dont vous pourrez bénéficier.
- Vous pouvez également faire participer votre conjoint à la gestion de votre entreprise en qualité de « conjoint collaborateur » non rémunéré. Ce statut lui permettra d'accomplir à

votre place, et en votre nom, tous les actes administratifs relatifs à l'exploitation de l'entreprise. Par ailleurs, il lui accordera un certain nombre d'avantages d'ordre social : en particulier, celui de cotiser auprès de votre caisse d'assurance vieillesse afin de se constituer une retraite à part entière.

→ Votre argent et celui de votre entreprise sont juridiquement confondus. Il est donc très important d'observer des règles rigoureuses de gestion afin de ne pas dépenser l'argent dont vous ne disposez pas !

Quelques règles de base à respecter si vous devenez entrepreneur individuel : ouvrez un compte professionnel distinct de votre compte personnel, ne confondez pas trésorerie et bénéfice, et évitez, lorsque vous vous rendez à votre supermarché, de régler vos courses avec votre chéquier professionnel (ou encore pire, de puiser préalablement de l'argent dans votre caisse !).

→ Étant seul maître à bord, vous n'avez de comptes à rendre à personne et n'avez pas à publier vos comptes auprès du registre du commerce et des sociétés.

Votre responsabilité

La contrepartie de cette liberté d'action, c'est la responsabilité indéfinie ! Le patrimoine de l'entreprise et votre patrimoine personnel étant confondus, tous vos biens sont engagés dans l'affaire, avec cependant une évolution intéressante apportée par la loi pour l'initiative économique qui permet désormais de protéger votre résidence principale.

Évaluez précisément vos risques en vous posant les questions suivantes :

→ Avez-vous un patrimoine à protéger ? Si la réponse est « non », n'hésitez pas à créer une entreprise individuelle car vous n'avez rien à perdre. Si votre entreprise prospère et vous assure par la

Du nouveau bientôt ? Un projet de loi serait en préparation visant à séparer le patrimoine personnel du chef d'entreprise de son patrimoine professionnel. Une vraie petite révolution pour les entrepreneurs individuels !

À suivre sur www.leguidedelamicro-entreprise.fr

suite un revenu confortable, il sera toujours temps de revoir votre statut et d'envisager un passage en société. Si la réponse est « oui », poursuivez attentivement cette évaluation et étudiez sérieusement l'hypothèse de création d'une société.

p. 24

→ Quels risques faites-vous prendre à votre conjoint ? C'est une question fondamentale, car même s'il ne participe pas à votre activité, il n'est pas exempt de tout risque. Tout dépend de votre régime matrimonial.

→ Que se passera-t-il si vous ne pouvez plus payer vos dettes professionnelles ?

Vous devrez « déposer le bilan », c'est-à-dire déposer une déclaration de cessation de paiements au greffe du tribunal de commerce. Cette déclaration donne lieu soit à l'ouverture d'une procédure de redressement, soit à la liquidation judiciaire immédiate si vous avez cessé toute activité ou si le redressement est manifestement impossible. En cas de liquidation, vos biens professionnels et personnels peuvent être saisis et vendus pour désintéresser les créanciers. S'ils sont insuffisants, le tribunal prononce une clôture pour insuffisance d'actifs mettant fin à toute procédure.

Si vous êtes marié sous le régime de la séparation de biens ou de la participation aux acquêts, et si votre conjoint ne participe en aucun cas à la gestion de votre entreprise, il peut être assuré que la totalité de ses biens propres, y compris ses rémunérations, sera protégée.

À savoir : vous pouvez désormais protéger vos biens fonciers des poursuites de créanciers professionnels en effectuant une déclaration d'insaisissabilité devant notaire.

Cette déclaration publiée au bureau des hypothèques fait l'objet, selon les cas :

- d'une mention sur le registre du commerce et des sociétés (RCS) si vous êtes commerçant ;
- d'une mention sur le répertoire des métiers si vous êtes artisan ;
- ou d'une publication dans un journal d'annonces légales si votre activité est libérale.

Attention ! Elle n'est pas gratuite… renseignez-vous auprès de votre notaire ! Mais ne dramatisons pas ! Là encore, l'application de règles simples de gestion vous permettra de prendre à temps la décision de cesser votre activité, et d'éviter ainsi ce type de dérive.

Son régime fiscal

→ L'entreprise individuelle et vous-même ne formant qu'une seule et même personne, les bénéfices que vous réaliserez entreront dans votre déclaration de revenus personnelle et seront imposés à l'IR (impôt sur le revenu) dans la catégorie :

- des bénéfices industriels et commerciaux (BIC) si votre activité est commerciale ou artisanale ;
- des bénéfices non commerciaux (BNC) si votre activité est libérale.

> *Dans l'entreprise individuelle, aucune distinction n'est faite fiscalement entre le bénéfice de l'entreprise et votre rémunération.*
> *Les prélèvements que vous effectuerez en cours d'année pour vos besoins personnels seront donc réintégrés dans les bénéfices imposables.*

Votre taux d'imposition dépendra de l'importance des revenus de votre foyer fiscal, toutes catégories confondues.

→ Comme nous le verrons plus loin, il existe deux régimes de détermination de votre bénéfice imposable :

p. 138

- le **régime de la micro-entreprise,** dans lequel vos frais professionnels sont évalués de manière forfaitaire ;
- le **régime du bénéfice réel,** dans lequel vous déterminez vous-même votre bénéfice imposable au vu de votre comptabilité.

p. 141

Le choix entre ces deux régimes n'est pas toujours aisé.

→ Tout ce qui vient d'être exposé ci-dessus concerne l'entreprise individuelle « classique ». Si vous optez pour le régime de l'auto-entrepreneur, vous pourrez choisir de payer vos impôts au fur et à mesure de vos encaissements par prélèvement libératoire. Pour en savoir plus, reportez-vous au cahier spécial consacré à ce régime.

p. 269

Votre régime social

p. 162

Vous dépendrez du régime social des travailleurs non salariés (TNS). Comme nous le verrons plus loin, ce régime présente plusieurs caractéristiques le différenciant du régime général des salariés.

Le développement de votre entreprise

Rassurez-vous, si vous êtes tenté par l'entreprise individuelle, votre structure pourra évoluer par la suite pour des raisons tant patrimoniales que fiscales et sociales. Vous pouvez commencer tout petit, en auto-entrepreneur par exemple, et devenir très, très gros… Il sera toujours temps de changer de structure et de passer de l'entreprise individuelle à la société.

À titre indicatif, sachez que différents mécanismes sont possibles :

→ soit créer une société qui achètera votre entreprise individuelle ;

→ soit apporter « en nature » votre entreprise au capital de la société créée ;

→ soit conserver l'entreprise individuelle et céder à la société créée le droit d'exploiter votre fonds moyennant le paiement d'une redevance. On appelle ce contrat « la location-gérance ».

La SARL mérite votre attention. Vous pouvez en effet souhaiter associer à votre projet : votre conjoint, des personnes disposant de compétences complémentaires aux vôtres, ou encore des personnes qui vous aideront à boucler financièrement votre projet. Le choix d'une SARL vous permettra peut-être également d'accéder plus facilement à certains clients que vous convoitez...

La naissance de votre entreprise individuelle

p. 191

C'est vraiment très simple ! Il vous suffit de demander votre immatriculation, en tant que personne physique auprès du centre de formalité des entreprises dont relève votre activité.

Vous avez compris le principe :

→ Son nom ? Ce sera le vôtre...

→ Son capital ? Ce sera votre argent...

→ Ses emprunts éventuels ? Ce seront les vôtres...

LA SARL (société à responsabilité limitée)

Les fonds nécessaires pour créer une SARL

Dans la SARL, les associés et l'entreprise forment juridiquement des personnes distinctes. Pour que la société soit en mesure de fonctionner, les associés doivent donc mettre à sa disposition un minimum de biens et d'argent qui lui permettront notamment de faire face à ses premiers investissements, à ses premières charges. En contrepartie de ces apports, chaque associé reçoit des parts sociales. Cet argent et l'évaluation de ces biens constitueront son **capital social.**

Les « apports en nature » ne doivent pas être confondus avec les « apports en industrie » consistant pour un associé à apporter son travail ou ses connaissances techniques. Les apports en industrie sont désormais autorisés dans les SARL.

Les apports

Le montant du capital social d'une SARL est désormais fixé librement ; aucun minimum n'est recquis. Il est constitué d'apports en numéraire, c'est-à-dire en argent, ou d'apports en nature, c'est-à-dire en biens susceptibles de figurer à l'actif du bilan de l'entreprise : ordinateur, photocopieur, mobilier de bureau, véhicule, marque, brevet… ou des deux à la fois.

Si vous apportez des biens de la communauté à votre société, objets ou argent, vous devez en avertir votre conjoint de manière à lui permettre de revendiquer la qualité d'associé pour la moitié des parts sociales ou à y renoncer. C'est important car si vous oubliez de l'informer, il pourra demander l'annulation en justice de votre apport.

Les apports en espèces peuvent ne pas être versés intégralement au moment de la constitution de la SARL. Les associés ont en effet la possibilité de ne libérer, au moment de la constitution, que 20 % de leur montant, le solde devant être versé dans une période de 5 ans.

Une difficulté consiste à évaluer les apports en nature : en principe, la valeur de ces apports est déterminée par les associés au vu d'un rapport établi par un professionnel — un commissaire aux apports — nommé par les associés à l'unanimité ou, à défaut, par le tribunal de commerce.

Dans une SARL au capital de 7 000 €, l'intervention d'un professionnel sera nécessaire si les apports en nature sont supérieurs à 3 500 €.

L'intervention d'un commissaire aux apports représente un coût non négligeable pour la société. Aussi vous est-il possible d'évaluer vous-même ces apports si :

- → aucun apport en nature n'a une valeur supérieure à 7 500 € ;
- → ET si la valeur totale des apports en nature ne dépasse pas la moitié du capital social.

  Attention cependant, vous serez responsable solidairement pendant cinq ans de la valeur que vous donnerez aux biens apportés.

Le capital n'est pas de l'argent « bloqué » indéfiniment

Les sommes apportées sont déposées sur un compte ouvert au nom de la SARL et sont indisponibles jusqu'à présentation à la banque d'un document attestant que la société est bien immatriculée au registre du commerce et des sociétés. Ce document s'intitule « extrait Kbis ». Une fois débloquées, les sommes peuvent être librement utilisées pour les besoins de la société, mais non pour les vôtres.

Par exemple, si vous avez apporté 3 500 € sur un capital de 7 000 €, vous recevrez 50 % des parts sociales de la société. Ces 3 500 €, vous ne pourrez les récupérer que le jour où vous céderez vos parts, en réalisant une plus ou moins-value. En revanche, ils alimenteront le compte bancaire de l'entreprise et serviront aux premiers achats.

Les apports en capital doivent être distingués des « apports en compte courant ». Chaque associé peut consentir un « prêt » à la société pour lui permettre de faire face à des besoins de trésorerie. Ces comptes courants n'entrent pas dans la formation du capital social et peuvent donc être repris à tout moment, sous réserve de laisser à la société un délai raisonnable de remboursement. Ils peuvent, en outre, être rémunérés (versement par la société d'intérêts).

Il vous est également possible de créer une « SARL à capital variable », qui permet d'augmenter ou de diminuer le capital sans formalités et publications. Cette formule peut être pratique lorsque l'on veut par exemple associer des collaborateurs pour une durée déterminée et les faire « sortir » de la société à l'issue de cette collaboration.

Le fonctionnement d'une SARL

Il faut distinguer dans la SARL :

- → le ou les gérants, nommés parmi les associés ou en dehors d'eux, dont le rôle est de représenter la société vis-à-vis des tiers, et de la gérer au quotidien ;
- → les détenteurs de parts sociales — « les associés » — qui ne participent pas à la gestion de la société, mais qui peuvent y exercer des fonctions techniques.

> *L'acte de nomination du gérant peut prévoir la consultation préalable des associés pour certains actes importants : l'embauche de salariés, la prise d'engagements dépassant un certain montant, la décision de répondre à des appels d'offres... C'est généralement conseillé en début d'activité, lorsque l'assise financière de l'entreprise est faible.*

Les gérants

Les premiers gérants sont nommés soit dans les statuts, soit dans un acte séparé, annexé aux statuts. La rédaction de cet acte est essentielle car elle fixe leurs pouvoirs.

Si rien n'est précisé, ils ont tous pouvoirs pour gérer et engager l'entreprise dans l'intérêt de celle-ci.

Le contrôle de leur gestion intervient *a posteriori* lors de l'assemblée générale annuelle : ils doivent à cette occasion rédiger un rapport sur leur gestion remis aux associés et publié au registre du commerce et des sociétés avec les comptes de la société. Les associés peuvent alors demander des explications sur telle ou telle décision de gestion et même les révoquer s'ils sont minoritaires.

Les associés

Les associés se réunissent au minimum une fois par an en assemblée générale pour approuver les comptes de la société. L'approbation annuelle des comptes ainsi que les décisions dites « ordinaires », c'est-à-dire relatives à la gestion de l'entreprise, se prennent en assemblée générale ordinaire (AGO) à la majorité simple (50 % + 1 voix). Les décisions modifiant les statuts se prennent en assemblée générale extraordinaire (AGE) à la majorité des deux tiers des parts sociales.

> *Évitez les situations de blocage du type : deux associés co-gérants à 50/50, ou alors anticipez d'éventuels litiges en désignant par avance un médiateur de votre choix.*
>
> *Évitez également de nommer votre belle-mère ou un ami complaisant en qualité de « gérant de paille » ; outre le fait que cette situation vous engage en tant que dirigeant « de fait », elle met la personne désignée en danger en cas de difficultés financières de l'entreprise.*

Votre responsabilité

Elle dépend de votre implication dans la gestion de l'entreprise.

→ En tant qu'associé, détenteur de parts sociales, vous ne vous engagez qu'à hauteur de votre participation dans le capital social. Concrètement, si vous avez apporté 3 000 €, vous risquez de perdre au plus ces 3 000 €.

→ En revanche, si vous exercez les fonctions de gérant (de droit ou de fait), vous êtes garant de votre bonne gestion envers les associés et les tiers : s'ils sont en mesure de prouver que vous avez commis des fautes de gestion à l'origine des difficultés financières de l'entreprise, ils pourront rechercher votre responsabilité et intenter à votre encontre une action en comblement de passif. Mais attention, ne dramatisons pas : encore faut-il qu'il y ait bien faute de gestion, et non simples négligences ou erreurs d'appréhension, et que cette faute soit en corrélation directe avec les difficultés de l'entreprise.

→ Enfin, il ne faut pas occulter le fait, qu'à partir du moment où vous aurez besoin de recourir à un emprunt bancaire, il vous sera demandé de vous porter caution. Cette pratique limite naturellement l'intérêt de la SARL, mais il faut garder à l'esprit qu'une caution ne concerne qu'un créancier déterminé — la banque — pour un montant connu à l'avance.

Son régime fiscal

La SARL fait partie des entreprises soumises de plein droit à l'imposition sur les sociétés. Les rémunérations versées au gérant font partie des charges déductibles pour l'entreprise, au même titre que les salaires versés aux associés titulaires d'un contrat de travail.

p. 137

Il est donc établi une distinction fiscale entre :

→ les rémunérations versées, qui entrent dans la déclaration d'impôt sur le revenu des intéressés ;

→ le bénéfice de l'entreprise, qui peut, après impôt, être réinvesti dans l'entreprise ou distribué aux associés en proportion de leur participation au capital.

Mais il est néanmoins possible d'opter pour l'impôt sur le revenu dans deux cas :

- lorsque la SARL est constituée entre les membres d'une même famille (parents, enfants, grands-parents, petits-enfants, frères et sœurs, conjoints, personnes liées par un Pacs), et que son activité est autre que libérale. On l'appelle alors « SARL de famille » ;
- lorsque la SARL est de petite taille et détenue au moins à hauteur de 34 % par son dirigeant… ce qui devrait être votre cas, non ?

Si vous choisissez l'impôt sur le revenu, votre société sera transparente fiscalement. Son bénéfice ne sera pas imposé à son niveau, mais à celui de ses associés, pour la partie qui leur revient. Cela

peut être intéressant, par exemple si vous prévoyez un déficit la première année (il pourrait compenser d'autres revenus de votre foyer fiscal), ou si vous pouvez bénéficier d'une mesure d'exonération d'impôt sur les bénéfices. Faites-vous conseiller !

Votre régime social

Si vous êtes **associé non gérant** et que vous exercez dans la société une activité rémunérée, vous serez titulaire d'un contrat de travail et relèverez donc du régime général des salariés.

Si vous êtes **gérant minoritaire,** c'est-à-dire si la somme :

- → de vos parts sociales ;
- → des parts détenues par votre conjoint ;
- → des parts détenues par vos enfants mineurs non émancipés ;
- → et des parts détenues par les autres gérants, s'il y en a ;

est inférieure ou égale à 50 %, vous serez assimilé à un salarié au regard de votre protection sociale (à l'exclusion des Assedic).

Attention ! Si votre activité est artisanale, et si vous ne comptez pas embaucher de salariés, en dehors d'apprentis, la création d'une SARL risque de vous faire perdre le bénéfice d'une exonération de taxe professionnelle !

Si vous êtes gérant majoritaire, vous dépendrez du régime social des travailleurs non salariés, comme l'entrepreneur individuel.

Le développement de votre entreprise

La SARL présente à l'évidence un réel intérêt si vous comptez développer assez rapidement votre entreprise. En effet, il est très facile de faire entrer un ou plusieurs nouveaux associés susceptibles d'apporter leur compétence technique ou des capitaux.

Pour cela, vous avez le choix entre :

- → procéder à une augmentation de capital : le nouvel associé apporte des biens ou une somme d'argent au capital et reçoit en contrepartie de nouvelles parts sociales ;
- → ou lui céder une partie de vos parts sociales.

Dans les deux cas, le nouvel associé doit être accepté par les autres associés, à la majorité en nombre représentant au moins la moitié des parts sociales (sauf majorité plus forte prévue dans les statuts).

La naissance de votre société

Les formalités de création sont un peu plus compliquées que pour l'entreprise individuelle. C'est normal, car vous donnez naissance à une nouvelle personne totalement indépendante de vous-même… Vous devez donc :

- → lui trouver un nom ;
- → lui trouver un siège ;
- → lui faire des apports ;
- → désigner une personne qui la représentera à l'extérieur ;
- → rédiger des statuts qui fixeront les « règles du jeu » que devront respecter les associés…

L'entreprise unipersonnelle à responsabilité limitée (EURL)

Même si vous êtes seul et que vous n'avez aucune envie de vous associer avec d'autres personnes pour exercer votre activité et pour partager les bénéfices qui en résulteront, vous pouvez tout de même envisager de créer une société.

En effet, l'EURL est une forme particulière de SARL constituée avec un seul associé. La plupart des règles visées ci-dessus lui sont applicables à l'exception de certains aménagements rendus nécessaires par l'existence d'un associé unique.

En apparence, rien ne distingue l'EURL de la SARL ; sur votre papier à en-tête est indiqué : « Société ...., SARL au capital de .... ». Vos clients et fournisseurs devront demander un extrait d'immatriculation de votre société au registre du commerce et des sociétés pour découvrir qu'en fait vous êtes seul.

Rassurez-vous, en tant qu'associé unique vous ne serez pas obligé de vous convoquer en « assemblée générale ordinaire » ni en « assemblée générale extraordinaire » pour les décisions modifiant les statuts ! Vous prendrez seul les décisions concernant votre entreprise, mais devrez tout de même les transcrire sur un registre.

Les fonds nécessaires pour créer une EURL

Comme pour la SARL, l'EURL nécessite de constituer un capital social dont le montant est désormais fixé librement, en fonction des besoins de la société. Ce capital est divisé en parts sociales qui vous sont attribuées en totalité. Les règles relatives aux apports et à leur évaluation sont identiques à celles de la SARL.

Le fonctionnement d'une EURL

Les règles de fonctionnement régissant l'EURL méritent que l'on s'y attarde quelques instants. En effet, l'EURL est une société à part entière et vous devrez à tout prix éviter de la gérer comme s'il s'agissait d'une entreprise individuelle. Même si elles vous paraissent contraignantes, vous devrez respecter scrupuleusement les règles édictées par la loi et par les statuts pour éviter une requalification de votre société en entreprise individuelle.

→ Pour faire fonctionner au quotidien votre EURL, vous devrez désigner un gérant. Il s'agira certainement de vous, associé unique, mais vous avez la possibilité de choisir quelqu'un d'autre, si vous estimez que vous n'avez pas les compétences nécessaires ou tout simplement le temps pour administrer au mieux votre société. Dans les deux cas, le gérant doit obligatoirement rédiger chaque année un rapport sur sa gestion, qu'il devra tenir à la disposition de toute personne qui en fait la demande.

→ En tant qu'associé unique, vous exercerez les pouvoirs qui sont dévolus à la collectivité des associés dans les SARL. Vous serez néanmoins dispensé de procéder à l'approbation des comptes annuels. Cette formalité sera réputée accomplie par le dépôt des comptes au registre du commerce et des sociétés.

Votre responsabilité

Comme la SARL, l'EURL constitue un bon rempart juridique permettant de mettre vos biens à l'abri des aléas de votre entreprise à condition de respecter des règles strictes de gestion et de fonctionnement.

Si vous choisissez l'EURL, prenez garde à respecter des règles strictes de fonctionnement et n'oubliez surtout pas que l'argent et les biens de votre société ne sont pas les vôtres. Pas question de prendre de la monnaie dans la caisse pour aller faire vos courses !

En principe, vous ne serez tenu responsable des dettes de votre société qu'à concurrence du montant de vos apports : si vous apportez 7 000 €, vos risques se limitent à cette somme.

Il convient cependant d'être prudent.

→ Il se peut que l'on vous demande de vous porter personnellement garant du règlement de certaines dettes, notamment bancaires.

→ En cas d'ouverture d'une procédure de redressement ou de liquidation judiciaire, vous pourrez être condamné à supporter tout ou partie des dettes sociales sur votre patrimoine personnel s'il est prouvé que vous avez commis des fautes de gestion se trouvant être à l'origine des difficultés de l'entreprise.

→ Enfin, si vous avez disposé des biens de votre entreprise comme de vos propres biens, vous pouvez faire personnellement l'objet d'une procédure de redressement ou de liquidation de biens.

Son régime fiscal

→ Le régime normal de l'EURL est l'impôt sur le revenu (IR). Votre société sera transparente fiscalement, c'est-à-dire que son bénéfice ne sera pas imposé à son niveau, mais au vôtre. Vous le porterez dans votre déclaration d'ensemble de revenus dans la catégorie des bénéfices industriels et commerciaux (BIC) ou des bénéfices non commerciaux (BNC) selon votre secteur d'activité. Au niveau fiscal, votre rémunération sera confondue avec le bénéfice de votre société : les prélèvements que vous aurez effectués au long de l'année pour vos besoins personnels devront donc être réintégrés aux résultats imposables.

Si vous exercez votre activité en EURL, vous ne pourrez bénéficier du régime fiscal simplifié de la micro-entreprise. Celui-ci est réservé aux entrepreneurs individuels. Toutefois, vous aurez le choix entre l'impôt sur le revenu ou l'impôt sur les sociétés.

→ Mais l'une des spécificités de l'EURL, c'est que vous pouvez opter pour l'impôt sur les sociétés (IS). Cette option doit être effectuée dans un délai de trois mois à compter de l'immatriculation de votre société, ou les années suivantes. Mais attention : elle est irrévocable, vous ne pourrez donc changer d'avis.

p. 136

Votre régime social

Deux situations doivent être envisagées :

→ vous souhaitez être associé-gérant de votre société : vous relèverez obligatoirement du régime social des travailleurs non salariés (TNS) et devrez donc payer un minimum de cotisations même si vous ne vous octroyez pas de rémunération. Vous ne pourrez naturellement pas bénéficier du régime de l'auto-entrepreneur qui ne concerne que les entrepreneurs individuels ;

p. 162

→ vous préférez confier la gestion à une autre personne, que vous jugez plus compétente en la matière : vous ne cotiserez au régime des TNS que si vous exercez une activité professionnelle au sein de l'entreprise, ce qui devrait normalement être votre cas. Le gérant, quant à lui, sera assimilé à un salarié et cotisera donc au régime général de Sécurité sociale s'il reçoit une rémunération.

Le développement de votre entreprise

Pour transformer une EURL en SARL, il suffit de céder une ou plusieurs de vos parts sociales à une autre personne et de modifier vos statuts. Votre associé peut aussi faire de nouveaux apports en capital et augmenter de ce fait le nombre des parts sociales.

La naissance de votre société

Comme pour la SARL, les formalités de création sont un peu plus compliquées que pour l'entreprise individuelle. C'est normal, car vous donnez naissance à une nouvelle personne totalement indépendante de vous-même… Il faut donc :

p. 191

→ lui trouver un nom ;

- lui trouver un siège ;
- lui faire des apports ;
- désigner une personne qui la représentera à l'extérieur ;
- rédiger des statuts qui fixeront les « règles du jeu » que vous devrez respecter, vous et vos futurs associés (si votre EURL se transforme un jour en SARL)... Un modèle de statuts-types vous sera remis gratuitement par le centre de formalité des entreprises.

L'association

Certaines grandes entreprises leaders sur leur marché ont testé leur activité sous forme associative : c'est notamment le cas de Nouvelles Frontières !

Votre projet permet peut-être d'envisager la forme associative. Si vous souhaitez faire découvrir votre région par la pratique d'un sport peu répandu dans le grand public (canyoning, aviron, spéléologie par exemple) ou en organisant des manifestations locales, la création d'une association peut vous permettre d'obtenir une aide financière des collectivités locales concernées. Il en sera de même si votre activité consiste à apporter une aide à des personnes en difficultés : personnes âgées, jeunes sans emploi, etc. Rassurez-vous, créer une association ne vous empêchera pas de réaliser des bénéfices : c'est son but et non son activité qui doit être « non lucratif ». Seulement, elle ne pourra répartir les bénéfices entre ses membres. Toute la différence avec la société se trouve là !

Les fonds nécessaires pour créer une association

Aucun minimum n'est requis pour constituer une association. Comme pour les autres types de structures, vous ne pourrez cependant envisager de créer une association sans apport d'argent initial.

Important : prévoyez dans les statuts une clause de reprise des apports en cas de dissolution, et rédigez un acte constatant vos apports, que vous ferez enregistrer auprès des impôts. À défaut, vous pourrez définitivement leur dire adieu…

C'est donc l'étude financière que vous aurez réalisée qui vous permettra de définir son montant. Cependant, et contrairement à la société, vous ne recevrez pas de parts sociales en contrepartie de vos apports car l'association n'a pas de capital.

Les biens apportés deviennent la propriété de l'association et doivent être affectés au but poursuivi par celle-ci.

Le fonctionnement d'une association

Faites preuve de créativité : la loi de 1901 qui régit les associations vous laisse toute liberté sur ce point. Il vous suffit d'être au minimum deux personnes et de désigner un ou plusieurs dirigeants pour faire fonctionner l'association et la représenter légalement.

Comme pour les sociétés, une différenciation est effectuée entre :

→ ses membres qui se réunissent périodiquement en assemblée générale, selon les besoins et au minimum une fois par an pour l'approbation des comptes ;

→ et les personnes chargées de son administration ou de sa direction.

Vous pouvez choisir un président unique, mais l'association étant généralement gérée bénévolement, il est d'usage de partager les responsabilités et de nommer un conseil d'administration qui élit un bureau composé d'un président, d'un trésorier et d'un secrétaire.

Le président occupe la première place au sein d'une association : il la représente vis-à-vis des tiers et notamment en justice. Lorsqu'il y a des salariés, c'est lui qui est considéré comme employeur au regard de la Sécurité sociale.

Le secrétaire, s'il en existe un, s'occupe de la correspondance et tient le registre des assemblées.

Le trésorier, quant à lui, est chargé de la gestion du patrimoine de l'association. Il reçoit les fonds, effectue les paiements, tient la comptabilité et rend compte de sa gestion chaque année aux membres réunis en assemblée générale.

Son régime fiscal

Lorsqu'une association est considérée comme « non lucrative », elle est passible de l'impôt sur les sociétés à taux réduit (24 % ou 10 %) pour les revenus provenant de la gestion de son patrimoine : revenus fonciers ou produits de placements financiers. Ses autres recettes (cotisations, dons...) ne sont pas imposables. En outre, elle est exonérée d'impôts commerciaux (IS, TVA et taxe professionnelle) sur ses recettes commerciales accessoires qui n'excèdent pas 60 000 €.

En revanche, si l'association a une activité lucrative et réalise des bénéfices, elle est soumise à l'impôt sur les sociétés au taux normal, à la TVA et à la taxe professionnelle, comme toute entreprise.

Pour que la rémunération des dirigeants ne remette pas en cause le caractère désintéressé de l'association, plusieurs conditions doivent être réunies :

- *les statuts doivent prévoir cette possibilité ;*
- *les comptes doivent être certifiés par un commissaire aux comptes ;*
- *les dirigeants doivent être élus de manière démocratique ;*
- *leur rémunération ne peut excéder un plafond fixé à trois fois le plafond annuel de Sécurité sociale ;*
- *l'association doit disposer de ressources financières propres.*

Tout le problème est donc de définir si votre association sera ou non « lucrative ». Les critères pris en considération par l'administration fiscale pour apprécier le caractère lucratif d'une association sont les suivants :

→ La gestion de l'association est-elle désintéressée ?

→ Dans l'affirmative, son activité concurrence-t-elle le secteur commercial ? Lorsque ce n'est pas le cas, l'association n'est pas imposable.

→ Si elle concurrence le secteur commercial, l'association exerce-t-elle son activité selon des modalités de gestion similaires à celles des entreprises commerciales ? Pour apprécier ce critère, les services fiscaux étudient par ordre d'importance : le « produit » proposé, le « public » visé, les « prix » pratiqués et la « publicité » effectuée. Ces indices lui permettent de vérifier si l'association cherche à se placer sur le marché comme n'importe quelle autre entreprise.

Votre régime social

→ Vous souhaitez être dirigeant de votre association ?
En principe, votre activité de dirigeant devrait être bénévole. Cependant, l'administration fiscale ne devrait pas remettre en cause le caractère désintéressé de la gestion, si certaines conditions sont réunies et si votre rémunération reste raisonnable. Cette rémunération, assimilée à des honoraires, est soumise au régime social des salariés. Renseignez-vous auprès de votre centre des impôts.

→ Vous exercerez des fonctions techniques dans l'association ?
Bien qu'il ne soit pas interdit de cumuler des fonctions de dirigeant et de salarié d'une association, mieux vaut ne pas abuser de ce genre de situation si vous voulez bénéficier du régime fiscal de faveur des associations « non lucratives ».
Il est préférable de confier l'administration à d'autres personnes et de conclure avec l'association un véritable contrat de travail en respectant les règles du Code du travail et de la convention collective applicable.

Le développement de votre association

Nous arrivons au cœur du problème de l'association. Si son activité se développe et lui procure des revenus conséquents, il lui sera interdit de les répartir entre ses membres. Ces bénéfices devront être réinvestis ou placés. Elle ne pourra se transformer en société, et si vous décidez de la dissoudre, vous ne pourrez vous attribuer ses biens, en dehors de vos apports initiaux qui auront été constatés dans un acte.

Une association ne peut se transformer en société, à l'exception de la SCIC (société coopérative d'intérêt collectif), structure ayant pour objet la fourniture de biens ou de services d'intérêt collectif, représentant un caractère d'utilité sociale.

La naissance de votre association

Rien de plus simple : il vous suffit de rédiger des statuts et de les déposer à la préfecture, au bureau des associations. La constitution de l'association fera l'objet d'une insertion au *Journal officiel.* À partir de ce moment, l'association sera dotée de la personnalité juridique et pourra donc agir légalement.

L'association, ayant une personnalité juridique qui lui est propre, peut cependant être associée, y compris majoritaire, d'une société commerciale.

- → Si elle exerce une activité lucrative l'assujettissant aux impôts commerciaux, elle devra en outre demander son immatriculation auprès du centre des impôts qui remplira le rôle de centre de formalités des entreprises.
- → Si elle emploie un ou plusieurs salariés, elle devra se rapprocher de l'Urssaf pour se faire immatriculer en tant qu'employeur.

▷ Quelques statuts particuliers

Entreprise individuelle ou société ? Effectivement, dans la majorité des cas, c'est la question à se poser pour démarrer une activité indépendante. Il existe cependant un petit nombre de statuts dérogatoires qui, tout en vous laissant totalement autonome, peuvent vous permettre d'appréhender progressivement le métier d'entrepreneur. Il est intéressant de les connaître si vous ne vous sentez pas encore totalement prêt à « entreprendre ».

Le formateur occasionnel

Vous envisagez de mettre à profit vos connaissances et votre expérience professionnelle en devenant formateur indépendant ? Créer une entreprise dans ce secteur nécessite de prospecter la clientèle, de négocier les conditions de vos interventions, d'engager un certain nombre de frais qui ne vous seront pas remboursés par vos clients, de payer des cotisations au régime des travailleurs non salariés, de demander votre immatriculation, etc. Alors si une opportunité s'offre à vous, pourquoi ne pas devenir dans un premier temps « formateur occasionnel » ?

→ Vous pourrez utiliser ce statut si vous dispensez des cours au titre de la formation professionnelle ou dans un établissement d'enseignement. Pourquoi occasionnel ? Parce qu'il se limite à trente jours civils maximum par année et par organisme de formation ou d'enseignement, ce qui est déjà considérable en début d'activité !

→ Le statut de formateur occasionnel repose sur les principes suivants :

- Vous n'avez pas à demander votre immatriculation en qualité d'indépendant.

- Les frais de reproduction de vos documents sont en principe à la charge de l'organisme de formation ou d'enseignement.
- Vous recevez, à l'issue de votre mission, une rémunération nette de charges.
- Vous dépendez du régime social des salariés : les cotisations patronales et salariales concernant l'assurance maladie, les accidents du travail, les allocations familiales, le fonds national d'aide au logement (FNAL), le versement transport, la CSG et la CRDS sont calculées sur une assiette forfaitaire, fonction de votre rémunération brute journalière, sans tenir compte de la durée de votre intervention.
- Les cotisations d'Assedic et de retraite complémentaire sont quant à elles calculées sur votre salaire réel.

→ Que se passe-t-il en cas de dépassement de la limite de trente jours par an ? Il convient de procéder à une régularisation annuelle des cotisations pour l'ensemble de vos interventions sur la base de vos rémunérations réelles.

Le vendeur à domicile indépendant

La vente de produits ménagers, cosmétiques ou de vêtements vous attire depuis longtemps mais vous ne vous sentez pas encore prêt à vous installer en tant que commerçant indépendant ? Intéressé par le sujet, vous avez été sans doute intrigué par des annonces parues dans des journaux locaux, recherchant des « vendeurs à domicile indépendants » souhaitant se procurer facilement, et à peu de frais, des revenus complémentaires.

La vente à domicile est une pratique de distribution assez répandue dans certains pays, notamment aux États-Unis et en Allemagne, qui commence néanmoins à se développer en France.

La vente à domicile se situe entre la distribution classique en magasin et la vente par correspondance. Elle revêt deux formes :

- le « porte-à-porte », qui consiste à aller offrir des produits pour le compte d'une entreprise directement auprès de la clientèle ;
- la « vente en réunion privée » consistant pour un particulier à réunir, chez lui ou chez un de ses voisins ou amis, une dizaine de personnes afin de leur proposer différents produits et d'en faire la démonstration, dans un climat convivial et/ou amical (exemple : ventes « Tupperware »).

Il existe trois façons de faire de la vente à domicile :

- soit en qualité de salarié, sous la subordination juridique de l'employeur ;
- soit, à l'opposé, en qualité de commerçant, immatriculé au registre du commerce et des sociétés ou au registre spécial des agents commerciaux, selon qu'il s'agit d'acheteurs-revendeurs ou de mandataires ;
- soit de manière autonome, mais occasionnelle, sans être inscrit au registre du commerce et des sociétés, en qualité de « vendeur à domicile indépendant » (VDI).

Un point à savoir si vous êtes chômeur indemnisé : le statut de vendeur à domicile vous permettra de conserver une partie de vos allocations de chômage, sans avoir à demander une dérogation auprès de la commission paritaire des Assedic, si le revenu procuré par cette activité ne dépasse pas 70 % du salaire que vous perceviez avant votre période de chômage.

Les vendeurs à domicile indépendants sont, à titre dérogatoire, assimilés à des salariés au regard de leur protection sociale. Comme les formateurs occasionnels, ils sont considérés comme des salariés pour la Sécurité sociale et comme des non-salariés pour le droit du travail. Ils peuvent également opter pour un système forfaitaire de calcul des cotisations sociales reposant sur les principes suivants :

- Lorsque leur rémunération brute trimestrielle est inférieure à 3 plafonds journaliers de Sécurité sociale avant abattement de 10 %, on considère que cette rémunération représente des frais professionnels. Elle ne donne donc pas lieu au versement de cotisations.
- Lorsque leur rémunération brute trimestrielle après abattement est inférieure à 8 plafonds journaliers de Sécurité sociale, la cotisation est forfaitaire, un tiers étant à la charge du vendeur et deux tiers à la charge de l'entreprise.
- Lorsque leur rémunération brute trimestrielle après abattement est comprise entre 8 et 27 plafonds journaliers de Sécurité sociale, les cotisations sont calculées par application des taux Urssaf de droit commun sur des assiettes forfaitaires allégées.
- Lorsque la rémunération brute trimestrielle avant abattement dépasse 27 plafonds journaliers de Sécurité sociale, les cotisations sont calculées par application des taux Urssaf de droit commun sur la rémunération réelle.

D'un point de vue fiscal, leurs revenus sont imposés dans la catégorie :

- des bénéfices non commerciaux s'ils sont mandataires, c'est-à-dire s'ils ne deviennent à aucun moment propriétaires des marchandises ou des services commercialisés ;
- des bénéfices industriels et commerciaux s'ils sont acheteurs-revendeurs ou courtiers.

  Leurs bénéfices sont calculés de manière forfaitaire en suivant les règles de la micro-entreprise.

p. 136

On ne peut conserver ce statut indéfiniment : lorsque le vendeur à domicile a exercé son activité durant trois années civiles complètes, même de façon intermittente, et, qu'il en a tiré, pour chacune de ces deux années un revenu brut supérieur à 50 % du plafond annuel de la Sécurité sociale, l'inscription au registre du commerce et des sociétés ou au registre spécial des agents commerciaux devient obligatoire à compter du premier janvier suivant.

Pour en savoir plus, rapprochez-vous de la Fédération de la vente directe : *www.fvd.fr*

Le recours à une société de portage

Le recours au portage peut, selon les situations, être totalement occasionnel et ne concerner qu'une mission déterminée, ou bien se situer sur une période plus longue dans le cadre de missions récurrentes.

Si vous êtes intéressé par le système du portage salarial, faites-vous préciser quelques points : les modalités de versement de votre rémunération, certaines structures préfinançant le salaire et prenant le risque des impayés, ainsi que les modalités de calcul des commissions.

La pratique des sociétés de portage tend à se développer. Si votre projet relève de leur compétence, c'est-à-dire principalement du domaine de l'expertise et du conseil dans des domaines variés comme les ressources humaines, la qualité, le marketing, les finances, la communication..., et si vous ne vous sentez pas encore prêt à créer une entreprise, même en qualité d'auto-entrepreneur, le recours au portage salarial peut constituer un bon moyen de travailler en toute légalité et donc de tester vos capacités à entreprendre.

Le principe du portage est simple : il consiste pour une personne, par exemple un consultant, à effectuer une prestation pour une entreprise cliente. Celle-ci verse les honoraires qui lui sont facturés auprès d'une société de portage qui les reverse au consultant sous forme de salaire, après déduction des cotisations sociales (patronales et salariales) et d'une commission.

> *Tenez compte des prestations annexes offertes par ces sociétés : recouvrement des honoraires non perçus, cartes de visite, standard téléphonique, frappe de documents, formation, appui à la négociation commerciale... Enfin, vérifiez que la société de portage est bien couverte par une assurance la garantissant des risques liés à l'activité professionnelle de ses adhérents.*

Cette opération donne lieu à la signature de deux, voire trois contrats :

- → un contrat de prestation signé entre le consultant, la société de portage et l'entreprise cliente ; il s'agit d'un contrat classique qui doit mentionner la nature de la prestation à effectuer, les dates de début et de fin de mission, ainsi que les modalités de paiement ;
- → un contrat de travail entre le consultant et la société de portage : il est établi en même temps que le précédent contrat ; il s'agit généralement d'un contrat à durée déterminée couvrant la période de la mission, mais certaines structures utilisent le contrat à temps partiel annualisé ;
- → une convention d'adhésion qui peut également être signée entre ces mêmes personnes pour prévoir les modalités de refacturation des honoraires ainsi que les prestations annexes proposées par la société de portage.

Les sociétés de portage se rémunèrent en prélevant sur les prestations facturées une commission correspondant aux frais de gestion engagés. Celle-ci varie généralement entre 5 et 15 %. Certaines structures pratiquent également un système dégressif fonction du chiffre d'affaires réalisé par le consultant.

Vis-à-vis de vos clients, vous travaillerez dans les mêmes conditions qu'un indépendant. Vous les démarcherez vous-même et négocierez la durée et le montant de vos prestations. Pour la société de portage, vous serez considéré comme un salarié, ce qui vous permettra notamment de bénéficier du maintien de vos droits aux Assedic dans le cadre de la procédure de reprise d'une activité réduite salariée.

Pour trouver une société de portage, adressez-vous aux organismes professionnels :

→ Fenps, Fédération nationale du portage salarial : *www.fenps.fr ;*

→ Sneps, Syndicat national des entreprises de portage salarial : *www.portagesalarial.org ;*

→ Uneps, Union nationale des entreprises de portage spécialisées : *www.uneps.org.*

Après avoir étudié **la faisabilité économique et *financière* de votre projet,** vous **devez** maintenant **lui adapter un *cadre juridique*** cohérent.

La création de votre micro-entreprise constituera-t-elle votre activité principale ou une activité complémentaire ?

Souhaitez-vous exercer seul votre activité ou associer d'autres personnes : votre conjoint, un parent, un ami ?

Avez-vous un patrimoine à protéger ?

Votre activité est-elle risquée par nature ?

Si vous êtes marié, avez-vous pris la précaution de choisir un régime matrimonial adapté ?

Votre conjoint dispose-t-il d'une bonne couverture sociale ?

La clientèle que vous convoitez vous impose-t-elle de recourir à un statut spécifique vous assurant une meilleure crédibilité ?

Fiscal, social, comptable : le minimum à connaître avant de se lancer

4

VOTRE DÉCISION est prise. Vous avez choisi une structure adaptée à votre projet. Il ne vous reste plus qu'à vous installer ! Mais au préalable, il est indispensable que vous vous familiarisiez avec certaines notions fiscales, sociales et comptables.

▷ Comprendre votre fiscalité

TVA, TP, IS, IR, régime micro, régime réel, prélèvement libératoire, franchise en base... la création de votre entreprise va vous plonger inévitablement dans un nouvel univers fiscal qui peut vous paraître *a priori* effrayant ! En tant que futur dirigeant d'entreprise, vous aurez un certain nombre de décisions d'ordre fiscal à prendre. Il est donc impératif que vous compreniez les principes qui régissent les trois types d'imposition des entreprises que sont :

→ l'impôt sur les bénéfices ;

→ la taxe professionnelle (TP) ;

→ la TVA.

Comment les bénéfices de votre entreprise seront-ils imposés ?

Comme nous l'avons vu précédemment, c'est la structure juridique que vous avez choisie qui guidera votre régime fiscal. Il existe deux grands types d'imposition des bénéfices :

→ l'impôt sur le revenu (IR) ;

→ l'impôt sur les sociétés (IS).

Si, comme la grande majorité des créateurs de micro-entreprises, vous choisissez **l'entreprise individuelle,** votre régime fiscal sera obligatoirement l'impôt sur le revenu (IR). Vous porterez les bénéfices de l'entreprise dans votre déclaration de revenus, dans la catégorie des :

→ bénéfices industriels et commerciaux (BIC) si vous êtes commerçant ou artisan ;

→ des bénéfices non commerciaux (BNC) si vous exercez une profession libérale ou l'activité d'agent commercial.

> *La « transparence fiscale » signifie que le bénéfice réalisé par la société n'est pas imposé à son niveau, mais à celui de ses associés en proportion de leurs droits respectifs (participation au capital).*

Si vous êtes tenté par **l'EURL,** votre société sera transparente au niveau fiscal. En tant qu'associé unique, vous porterez le montant des bénéfices réalisés par l'entreprise dans votre propre déclaration de revenus. Vous aurez cependant la possibilité d'opter pour l'impôt sur les sociétés (IS).

En cas de transparence fiscale, chaque associé est imposable comme s'il avait lui-même réalisé sa part du bénéfice social.

Enfin, si vous créez **une SARL,** les bénéfices seront imposés au niveau de la société au titre de l'impôt sur les sociétés (IS). Mais vous pourrez opter pour la transparence fiscale et l'impôt sur le revenu si vous le souhaitez. C'est une nouveauté de la loi de modernisation de l'économie (LME) !

Impôt sur le revenu (IR)	Impôt sur les sociétés (IS)
Entreprise individuelle EURL Sur option : SARL	SARL Sur option : EURL
BIC BNC	IS

La détermination des bénéfices imposables de l'entreprise

Il existe deux façons de les définir :

- soit forfaitairement : ce n'est pas vous qui calculez votre bénéfice, mais l'administration fiscale en appliquant au montant de votre chiffre d'affaires un abattement forfaitaire représentatif de vos frais professionnels. Il s'agit du régime fiscal de la « **micro-entreprise** », réservé aux entreprises individuelles ;
- soit de manière réelle : dans ce cas de figure, c'est vous qui déterminez votre bénéfice en tenant une comptabilité régulière. Il s'agit du régime fiscal du « **bénéfice réel simplifié ou normal** ». Si votre activité est libérale, vous utiliserez le terme « déclaration contrôlée ».

Le régime de la micro-entreprise (« régime micro »)

Le « régime micro » vous séduira :

- *si votre principale préoccupation est de ne pas vous embarrasser avec la « paperasserie » pour vous consacrer à la prospection de votre clientèle ;*
- *si votre activité nécessite peu d'investissements et/ou présente une forte valeur ajoutée ;*
- *si vous vous adressez à une clientèle de particuliers, qui ne peut récupérer la TVA.*

Vous vous demandez si ce régime est intéressant ? Il n'y a qu'une seule solution pour le vérifier : faites une estimation de vos charges normales et comparez-les avec le montant forfaitaire du régime micro.

Vous serez concerné par ce régime si vous créez une entreprise individuelle et si votre chiffre d'affaires prévisionnel n'excède pas :

→ 80 000 € HT pour les activités de vente de marchandises, d'objets, de fournitures et denrées à emporter et à consommer sur place, de fourniture de logement (hôtellerie, location de meublés, gîtes ruraux…) ;

→ 32 000 € HT pour les activités de prestation de services relevant des BIC et les professions libérales.

Si votre activité est mixte — par exemple si vous êtes peintre en bâtiment et que vous vendez de la peinture —, le régime de la micro-entreprise ne sera applicable que si votre chiffre d'affaires global n'excède pas 80 000 € et si la partie se rapportant à votre activité de prestataire ne dépasse pas 32 000 €.

Le régime de la micro-entreprise **exclut toute application de la TVA.** Vous devez en effet obligatoirement :

p. 156

→ soit bénéficier du dispositif de franchise de TVA ;

→ soit être exonéré de TVA en raison de votre activité, ce qui sera le cas si vous êtes formateur ou infirmier, par exemple.

Ses principes sont les suivants :

→ Vous ne facturez pas de TVA, mais attention, vous ne récupérez pas non plus la TVA que vous avez payée sur vos achats ou investissements ! Ça peut représenter pour vous un gros inconvénient…

→ Vous n'avez pas à établir de déclaration spécifique BIC ou BNC au nom de votre entreprise. La déclaration de vos revenus se fait de la manière la plus simple possible : il vous suffit de porter sur votre déclaration de revenus (n° 2042 C), dans l'espace prévu à cet effet, le montant brut de votre chiffre d'affaires (BIC) ou de vos recettes (BNC) ainsi que les éventuelles plus ou moins-values réalisées ou subies au cours de l'année concernée.

Si vous devez acheter du matériel ou un stock, le régime micro ne vous permettra pas de récupérer la TVA que vous aurez payée ! Il faut le prendre en compte dans vos prévisions !

→ Votre bénéfice imposable est déterminé par l'administration fiscale par application d'un abattement forfaitaire pour frais professionnels de :

- 71 % du CA pour les activités de vente et de fourniture de logement ;
- 50 % du CA pour les autres activités relevant des BIC ;
- 34 % des recettes pour les BNC ;
- avec un minimum d'abattement de 305 €.

Ce régime **s'applique de plein droit.** Mais vous avez la possibilité d'y renoncer en exerçant une option pour un autre régime :

→ soit dès le démarrage de votre activité, jusqu'à la date de dépôt de votre première déclaration de résultats ; les formulaires de

***Nouveau** ! Si vous choisissez le régime de l'auto-entrepreneur, vous pourrez opter pour le « prélèvement libératoire » et payer l'impôt sur le revenu en appliquant sur votre chiffre d'affaires mensuel ou trimestriel un pourcentage de 1 %, 1,7 % ou 2,2 % en fonction de votre activité.*

Pour plus de précisions, reportez-vous au cahier spécial « auto-entrepreneur ». p. 269

demande d'immatriculation prévoient, dans un encadré intitulé « options fiscales », la possibilité de choisir un autre régime ;

- soit plus tard, avant le 1er février de la première année au titre de laquelle vous souhaiterez quitter ce régime si vous êtes commerçant ou artisan, ou avant le 30 avril de l'année suivante si vous exercez une profession libérale ou d'agent commercial.

L'option est valable deux ans. Elle est reconduite tacitement par périodes de deux ans.

Sachez que si vous vous situez au-dessous des seuils de 80 000 ou 32 000 €, selon votre activité, vous pouvez opter pour le régime réel d'imposition tout en conservant la franchise de TVA. Ces deux dispositifs sont dissociables. Parlez-en à votre comptable ou au service des impôts des entreprises (hôtel des impôts).

Si vous dépassez les seuils de 80 000 € ou de 32 000 € en cours d'année, vous resterez placé sous le régime micro durant les deux premières années de dépassement. En revanche, à compter du 1er janvier de la troisième année de dépassement, ce régime cessera de s'appliquer.

Cette règle est valable tant que votre chiffre d'affaires n'excède pas 88 000 ou 34 000 €. En cas de franchissement de ces derniers seuils, vous perdrez le bénéfice de la franchise en base de TVA et donc du régime micro à compter du premier jour du mois de dépassement.

Quelles sont les conséquences de ce changement de régime fiscal ?

Vous devrez alors :

- mettre en place une comptabilité et la tenir ;
- établir des factures comportant la TVA (cela risque de déplaire aux clients qui ne peuvent la récupérer…) ;
- établir des déclarations de chiffre d'affaires et reverser la TVA collectée au Trésor public.

Mais il n'y a pas que des effets négatifs, car en contrepartie, vous pourrez :

- récupérer la TVA sur vos achats de biens et services ;
- bénéficier d'un crédit de départ de TVA qui concernera aussi bien vos stocks que vos achats de matériels, de mobiliers et d'équipements (ce que l'on appelle vos « immobilisations matérielles »)... Pour ceux utilisés pendant la période d'application du régime micro, le crédit de TVA sera diminué d'un abattement correspondant à un cinquième par année civile écoulée depuis leur acquisition. Ces biens devront par ailleurs être inscrits dans votre bilan pour leur valeur d'origine, diminuée des annuités d'amortissement, qui sont réputées avoir été déduites durant la période d'application du régime micro. Les dotations d'amortissement ultérieures pourront, quant à elles, être déduites dans les conditions normales.

p. 77

Ce régime prévoit également des **obligations comptables spécifiques.**

p. 177

Le régime du bénéfice réel (activités commerciales et artisanales)

« Réel », c'est-à-dire correspondant à la réalité ! Si vous choisissez ce type de régime, votre entreprise sera imposée sur la base des bénéfices réellement réalisés. Cela implique naturellement de respecter un certain nombre d'obligations comptables et déclaratives.

Ce régime concerne aussi bien les entreprises individuelles et sociétés soumises à l'impôt sur le revenu, dans la catégorie des BIC, que les sociétés soumises à l'impôt sur les sociétés.

Il existe deux régimes du bénéfice réel : le « **réel simplifié** » et le « **réel normal** ».

Seules les entreprises soumises au régime du bénéfice réel peuvent bénéficier, sous certaines conditions, d'une exonération d'impôt, ainsi que de certains crédits d'impôts.

→ Le « régime simplifié » concerne, de plein droit, les entreprises dont le chiffre d'affaires ne dépasse pas :

- 763 000 € HT pour les activités de vente de marchandises, d'objets, de fournitures et denrées à emporter ou à consommer sur place, et de fourniture de logement ;
- 230 000 € HT pour les autres activités de services.

Il s'applique, sur option, aux petites entreprises relevant normalement du régime micro.

→ Le « régime normal » s'applique de plein droit aux entreprises dont le chiffre d'affaires excède ces limites, et aux autres entreprises, sur option.

p. 177

La différence entre ces deux régimes se retrouve principalement dans l'étendue des obligations comptables.

Les principes du « bénéfice réel » sont les suivants :

→ Le bénéfice imposable de votre entreprise résulte de la **différence entre les recettes acquises et les dépenses engagées** au cours de l'exercice.

- Les recettes à prendre en compte correspondent aux marchandises vendues ou aux services fournis, ce que l'on appelle « produits d'exploitation », aux revenus mobiliers, appelés « produits financiers », et, le cas échéant, aux autres sources de revenus (subventions, plus-values réalisées suite à la vente d'un bien par exemple) identifiées sous l'appellation « produits exceptionnels ».

- Quant aux dépenses, vous pourrez retenir toutes celles dont le montant est réel et justifié : frais d'installation, achats de fournitures, loyers, frais d'entretien et de réparation, frais de personnel, commissions versées ou honoraires rétrocédés, achat de matériels et de mobiliers, frais de location de matériel, intérêts d'emprunts, frais de déplacements, de repas, d'assurances, etc.

Si votre entreprise est soumise à l'impôt sur le revenu, le régime du réel vous permettra d'imputer un éventuel déficit sur vos autres revenus, avant de le reporter sur les années suivantes. Cela constitue un avantage certain pour un créateur d'entreprise.

→ Si vous constatez, en fin d'exercice, un déficit, c'est-à-dire si le total de vos dépenses est supérieur au total de vos recettes, ce déficit sera :

- imputé sur vos autres sources de revenus, puis reportable sur les six années à venir, si votre entreprise est soumise à l'impôt sur le revenu (IR) ;
- reportable sur les bénéfices à venir sans limitation de durée, si votre entreprise est soumise à l'impôt sur les sociétés (IS).

→ Vous facturez la TVA à vos clients, que vous reversez à l'administration fiscale après avoir déduit la TVA payée sur vos achats et investissements.

p. 155

Si votre entreprise est soumise à l'impôt sur le revenu, vous devrez souscrire une **déclaration « BIC »** portant le n° 2031 et ses annexes. Vous la joindrez à votre déclaration d'ensemble des revenus, au plus tard, le 30 avril de l'année suivante.

Si votre entreprise est soumise à l'impôt sur les sociétés, vous produirez une **déclaration « IS »** n° 2065, accompagnée de ses annexes, dans les trois mois de la clôture de l'exercice.

En adhérant à un centre de gestion agréé (BIC) ou à une association agréée (BNC), vous éviterez que votre bénéfice imposable soit majoré de 25 % avant d'être soumis au nouveau barème d'imposition par tranches.

Le régime de la déclaration contrôlée (professions libérales et agents commerciaux)

Ce régime correspond, pour les entreprises relevant des bénéfices non commerciaux, au régime réel d'imposition précédemment décrit. Il ne concerne que les entreprises individuelles et les sociétés soumises à l'impôt sur le revenu (IR).

Son application est obligatoire si vos recettes prévisionnelles sont supérieures à 32 000 € HT. Elle est facultative si vous vous situez au-dessous de ce seuil.

Votre bénéfice imposable correspond à la différence entre les **recettes effectivement encaissées** au cours de l'exercice et les **dépenses effectivement payées.**

Il est donc très simple à déterminer car dans le cas de bénéfices non commerciaux (BNC), contrairement aux bénéfices industriels et commerciaux (BIC), vous n'avez à tenir compte ni des dépenses engagées non encore réglées, ni des montants facturés, non encore encaissés.

p. 183

Comme dans le régime du bénéfice réel, les déficits éventuels s'imputent sur vos autres revenus et peuvent être reportés sur les six années suivantes.

Si votre entreprise relève du régime de la déclaration contrôlée, vous devrez souscrire une **déclaration « BNC »** portant le n° 2035. Vous la joindrez à votre déclaration de revenus n° 2042 C, au plus tard, le 30 avril de l'année suivante.

Récapitulatif

BIC (Bénéfices industriels et commerciaux)	BNC (Bénéfices non commerciaux)
→ Entreprises dont le CA est ≤ à : – 80 000 € HT (achat/vente, fournitures et denrées à emporter ou à consommer sur place, fourniture de logement) – 32 000 € HT (autres prestations de services) RÉGIME « MICRO-ENTREPRISE » *Option possible pour :* *– le régime du réel simplifié ou normal.* *– le prélèvement libératoire en cas d'adoption du régime « micro-social » (régime de l'auto-entrepreneur).*	→ Entreprises dont les recettes sont ≤ à : – 32 000 € HT RÉGIME « MICRO-ENTREPRISE » *Option possible pour :* *– le régime de la déclaration contrôlée,* *– le prélèvement libératoire en cas d'adoption du régime « micro-social » (régime de l'auto-entrepreneur).*
→ Entreprises dont le CA est compris entre : – 80 000 € HT et 763 000 € HT – 32 000 € HT et 230 000 € HT RÉGIME DU RÉEL SIMPLIFIÉ *Option possible pour le réel normal*	→ Entreprises dont les recettes sont > à : – 32 000 € HT RÉGIME DE LA DÉCLARATION CONTRÔLÉE
→ Entreprises dont le CA est > à : – 763 000 € HT – 230 000 € HT RÉGIME DU RÉEL NORMAL	

Les principes de l'impôt sur le revenu

Le régime de droit commun

Si vous regardez attentivement une déclaration d'impôts n° 2042 et n° 2042 C (déclaration complémentaire de revenus), vous constaterez qu'il existe de nombreuses catégories de revenus :

- → traitements et salaires ;

- pensions, retraites, rentes ;
- bénéfices industriels et commerciaux ;
- bénéfices non commerciaux ;
- bénéfices agricoles ;
- revenus mobiliers ;
- plus-values et gains divers ;
- revenus fonciers…

Ces catégories s'additionnent pour constituer un **revenu brut global,** duquel vous déduisez un certain nombre de charges pour obtenir le **revenu net global** de votre foyer fiscal.

Le montant de votre imposition est déterminé par application d'un barème progressif, en fonction de votre situation familiale et du nombre de personnes que vous avez à votre charge. En dernier lieu, vous déduisez de votre impôt sur le revenu les crédits d'impôt auxquels vous avez droit.

Il est donc très difficile de déterminer précisément si vous avez intérêt ou non à ce que vos bénéfices soit imposés à l'IR (impôt sur le revenu) ! Vous l'avez compris, le taux d'imposition appliqué dépendra de nombreux facteurs :

- de votre situation familiale : célibataire, marié ;
- du nombre d'enfants à votre charge ;
- des autres revenus de votre foyer fiscal ;
- des crédits d'impôt auxquels vous pouvez éventuellement prétendre.

Retenez simplement les grands principes qui régissent l'impôt sur le revenu.

→ Il n'est pas fait de différence entre le bénéfice de l'entreprise et votre rémunération. Ainsi, même si vous pensez ne vous attribuer qu'une rémunération minime, vous porterez la totalité des bénéfices dans votre déclaration de revenus.

→ Les prélèvements que vous effectuerez périodiquement pour vos besoins personnels ne sont donc pas déductibles fiscalement pour votre entreprise.

→ Plus vos bénéfices seront importants, plus votre taux d'imposition sera également important…

Le « prélèvement libératoire »

Il existe deux façons de s'acquitter de l'impôt sur le revenu :

- soit l'année N+1, une fois les revenus annuels connus et déclarés à l'administration fiscale ;
- soit au fur et à mesure des encaissements : c'est ce qui est proposé aux auto-entrepreneurs (c'est-à-dire aux micro-entrepreneurs qui ont opté pour le régime « micro-social »).

Le principe est simple. Chaque mois ou chaque trimestre, l'auto-entrepreneur déclare son CA HT et paye l'impôt sur le revenu calculé de la manière suivante :

- 1 % du CA HT, pour une activité de vente de marchandises ou de fourniture de logement,
- 1,7 % du CA HT, pour une autre activité relevant des bénéfices industriels et commerciaux (BIC),
- 2,2 % du CA HT, pour une activité libérale.

Il devra tout de même porter sur sa déclaration d'ensemble de revenus le montant de son chiffre d'affaires annuel, dans une case créée à cet effet, non pas pour être imposé à nouveau, mais pour déterminer le taux d'imposition applicable aux revenus de son foyer fiscal.

Si ce régime vous intéresse, vous devez effectuer une option dans les trois mois de la création de votre entreprise auprès du régime social des indépendants (RSI) ou à partir du site Internet *www.lautoentrepreneur.fr*

Vous n'êtes cependant pas obligé d'opter pour le prélèvement libératoire tout de suite. L'option peut se faire chaque année (au plus tard le 31 décembre pour une application l'année suivante).

Les principes de l'impôt sur les sociétés

Comme son nom l'indique, cet impôt ne concerne que les sociétés : SARL et EURL sur option.

Le taux de l'IS est fixe :

→ **Taux normal : 33,33 %.**

→ **Taux réduit : 15 %,** pour les entreprises qui réalisent un chiffre d'affaires HT inférieur à 7 630 000 €. Pour en bénéficier, le capital doit être entièrement libéré (versé au moment de la constitution) et détenu à hauteur de 75 % au moins par des personnes physiques. L'application de ce taux réduit est limitée à 38 120 € de bénéfices.

> *Les dividendes ne sont pas soumis à cotisations sociales, mais ils supportent néanmoins un prélèvement social de 2 %, une contribution de 0,3 %, la CSG (8,2 %), la CRDS (0,5 %), et une contribution RSA de 1,1 %.*

L'impôt est **établi au nom de la société.** Si votre entreprise est soumise à l'IS, vous agirez donc en son nom et pour son compte.

Vous calculerez l'impôt dû et le verserez spontanément au Trésor en quatre acomptes, à dates fixes.

Votre rémunération en qualité de gérant de la société devra être approuvée préalablement par les associés en assemblée générale ordinaire.
N'oubliez pas : l'argent de votre société n'est pas le vôtre et vous ne pouvez en disposer librement... Gare à l'abus de bien social !

Que vous soyez gérant de votre société, ou associé titulaire d'un contrat de travail, les **rémunérations** que vous vous verserez seront déductibles fiscalement pour la société. Vous les porterez dans votre déclaration personnelle de revenus dans la catégorie des traitements et salaires.

Lors de chaque assemblée générale ordinaire statuant sur les comptes de la société, vous déciderez, avec vos co-associés, du **sort réservé aux bénéfices,** s'il y en a. Ils peuvent être mis en réserve, incorporés au capital ou encore distribués, en totalité ou en partie, aux associés proportionnellement à leur participation au capital de la société (sauf clause contraire des statuts). Dans ce dernier cas, vous porterez, dans votre déclaration personnelle de revenus, la part de bénéfices qui vous est allouée (vos « dividendes ») dans la catégorie des revenus mobiliers.

Nouveau : depuis le 1er janvier 2008, il est possible d'opter pour un prélèvement forfaitaire libératoire de l'impôt au taux de 18 %. Ce prélèvement est calculé sur le montant brut des dividendes versés (sans déduction notamment des abattements et du crédit d'impôt).

Pour compenser l'impôt sur les sociétés qui a déjà été supporté par la société, vos dividendes bénéficieront :

- → d'un abattement de 40 % sans limitation de montant ;
- → d'un abattement forfaitaire égal à 1 525 € si vous êtes célibataire, veuf ou divorcé, et à 3 050 € si vous êtes en couple (soumis à une imposition commune) ;

→ d'un crédit d'impôt égal à 50 % des dividendes perçus (avant abattement de 40 %), plafonné annuellement à 115 € (230 € si vous êtes en couple).

Un dernier point concernant l'IS : les déficits éventuels sont reportables sur les bénéfices à venir de la société sans limitation de durée.

À connaître : les mesures d'exonération fiscale

Les principales aides de nature fiscale ont pour objectif de favoriser l'implantation d'entreprises dans des zones défavorisées.

Exonération d'impôt sur les bénéfices des entreprises nouvelles (article 44 sexies du Code général des impôts)

Vous serez concerné par cette mesure si votre entreprise :

→ est soumise à un régime réel d'imposition (de plein droit ou sur option) ;

→ est implantée dans une zone d'aide à finalité régionale (AFR), dans une zone de revitalisation rurale (ZRR), ou dans une zone de redynamisation urbaine (ZRU) ;

→ démarre une activité réellement nouvelle, c'est-à-dire ne résultant pas d'une restructuration ou de l'extension d'une activité préexistante ;

Il est prélevé à la source par la société, à charge pour cette dernière de le reverser au Trésor public. Pour savoir quelle est la formule la plus intéressante dans votre situation, une seule solution : faites des simulations !

Si vous créez votre entreprise à Paris dans le 8e arrondissement, ne vous attendez pas à trouver beaucoup d'aides fiscales. En revanche, si votre activité vous permet de partir à la campagne, ou de vous installer dans un quartier « défavorisé », vous aurez sans doute des chances de ne pas payer d'impôts pendant quelque temps.

Attention, si votre activité est libérale, vous devrez remplir des conditions draconiennes pour être exonéré d'impôt sur les bénéfices : créer une société soumise à l'IS et employer au moins trois salariés à la clôture de votre premier exercice et au cours de chaque exercice de la période d'application du dispositif. Sauf si vous vous implantez dans une ZRR !

→ exerce une activité commerciale ou artisanale (les professions libérales sont soumises à certaines conditions).

Si toutes ces conditions sont remplies, les bénéfices réalisés par votre entreprise seront exonérés totalement d'IR ou d'IS pendant les 24 premiers mois d'activité ; ils bénéficieront d'un abattement de 75 % la troisième année, de 50 % la quatrième année et de 25 % la cinquième année.

À noter : si vous avez la chance de vous implanter dans une ZRR avant le 31 décembre 2009, l'exonération sera totale pendant 5 ans, puis dégressive sur 9 ans.

Exonération d'impôt sur les bénéfices dans les zones franches urbaines (ZFU) (article 44 octies du Code général des impôts)

Si votre activité vous permet de vous implanter dans un quartier urbain classé en zone franche, réfléchissez sérieusement à cette opportunité : cela vous permettra de bénéficier de plusieurs dispositifs d'exonérations fiscales et sociales. Et notamment d'une exonération d'impôt sur les bénéfices pendant 5 ans à taux plein, puis à taux dégressif sur une période de 3 ou 9 ans selon les cas, dans la limite d'un plafond de bénéfice exonéré de 100 000 € par période de 12 mois. Ça vaut la peine d'y réfléchir !

La taxe professionnelle s'applique aux entreprises existantes au 1er janvier de l'année considérée. Si vous démarrez votre activité au 15 janvier 2009 par exemple, vous n'aurez pas de taxe professionnelle à payer pour l'année 2009.

La taxe professionnelle (TP)

La taxe professionnelle est le deuxième type d'imposition que vous rencontrerez inévitablement si vous exercez une profession commerciale ou libérale.

Si vous exercez une activité artisanale, vous en serez exonéré à condition :

- d'être en entreprise individuelle ou en EURL soumise à l'IR ;
- que le travail manuel soit prépondérant dans votre activité ;
- que vous n'utilisiez pas d'installations « sophistiquées » ;
- que vous travailliez seul ou avec le concours d'une main-d'œuvre familiale ou encore avec des apprentis sous contrat.

Il en est de même pour les activités agricoles ou rattachées à ce domaine : élevage (aviculture, apiculture, pisciculture, ostréiculture…), le dressage de chevaux domestiques, les exploitants de centres équestres…

Ses caractéristiques

La taxe professionnelle est un impôt local contribuant au financement des charges des collectivités locales.

Son assiette est très complexe à déterminer car différents éléments sont pris en compte :

- la valeur locative des biens que vous utiliserez pour les besoins de votre activité professionnelle ;
- une fraction des recettes réalisées (6 %), si vous exercez une profession libérale imposée à l'IR, si vous êtes agent d'affaires ou encore intermédiaire du commerce.

La **première année d'imposition,** l'assiette obtenue est réduite de moitié. Les deux années suivantes, elle est calculée d'après les immobilisations dont vous aurez disposé au 31 décembre de l'année de création et des recettes réalisées, au cours de cette même période (en les réajustant pour correspondre à une année pleine).

Les **taux applicables** sont définis par les collectivités locales concernées. Le taux global varie donc d'une commune à une autre. Il est appliqué sur l'assiette diminuée d'un abattement général de 16 %.

Adressez-vous à votre centre des impôts pour connaître le taux de taxe professionnelle applicable dans votre commune, ainsi que les différentes mesures d'exonération qui ont éventuellement été votées.

Vous pouvez demander que votre taxe professionnelle soit **plafonnée** à 3,5 % de la valeur ajoutée que vous produirez. La valeur ajoutée correspond à l'accroissement de valeur que vous apportez aux biens et services qui proviennent de tiers, dans l'exercice de vos activités professionnelles courantes. Si votre activité est principalement de nature intellectuelle — la traduction par exemple — vous aurez une forte valeur ajoutée. Au contraire, si vous achetez des biens pour les revendre avec une faible marge, votre valeur ajoutée sera faible.
Cet avantage est subordonné à une demande adressée au service des impôts sur un imprimé spécial n° 1327TP avant le 31 décembre de l'année suivant celle de la mise en recouvrement.

Vous devrez produire au service des impôts, au plus tard le 31 décembre de l'année de création de votre entreprise, une **déclaration provisoire** n° 1003 P, qui permettra de calculer la taxe de l'année suivante, accompagnée, le cas échéant, d'une demande d'exonération temporaire.

À connaître : les mesures d'exonération de TP

Il existe différentes possibilités d'exonération de taxe professionnelle mises à la disposition des collectivités locales souhaitant « attirer » des entreprises.

La taxe pour frais de chambre de commerce et d'industrie est due par les commerçants et les sociétés.

La taxe pour frais de chambre de métiers concerne, quant à elle, les entreprises artisanales.

Elles sont collectées en même temps que la taxe professionnelle.

Certaines sont facultatives, c'est-à-dire qu'elles doivent faire l'objet d'un vote des collectivités concernées pour être applicables, d'autres sont dites « de plein droit », c'est-à-dire automatiquement applicables, sauf décision contraire de ces collectivités. Nous ne reprendrons, ci-dessous, que celles pouvant concerner des micro-entreprises.

Exonération de taxe professionnelle pour les auto-entrepreneurs (article 3 de la loi de modernisation de l'économie)

Si vous décidez de vous lancer en tant qu'auto-entrepreneur et que vous optez pour le prélèvement fiscal libératoire (impôt sur le revenu), vous serez exonéré de taxe professionnelle l'année de création de votre entreprise et les 2 années suivantes.

Attention, les mesures d'exonération de taxe professionnelle ne s'appliquent pas automatiquement. Il faut les demander pour en bénéficier ! Il faudra donc y penser lorsque vous enverrez votre déclaration provisoire de taxe professionnelle à votre centre des impôts (avant le 31 décembre de l'année de création).

p. 151

Exonération facultative d'impôts locaux en faveur des entreprises nouvelles (articles 1383 A, 1464 B, 1464 C et 1602 A du Code général des impôts)

Vous bénéficierez de cette mesure si vous rentrez dans le champ d'application de l'exonération d'impôt sur les bénéfices des entreprises nouvelles, visée plus haut. La durée de l'exonération est fixée par les collectivités concernées (entre 2 et 5 ans) ; elle concerne la taxe professionnelle, mais aussi la taxe foncière, ainsi que la taxe pour frais de chambre de commerce et d'industrie ou pour frais de chambre de métiers.

Autres mesures d'exonération de taxe professionnelle

Plusieurs dispositifs ont été mis en place ou récemment aménagés pour revitaliser certaines zones rurales et pour redynamiser les quartiers urbains. Leurs modalités d'application peuvent varier d'un endroit à un autre. Le plus simple est donc de vous renseigner auprès du service des impôts aux entreprises ou de votre mairie.

La TVA

On ne saurait parler de création d'entreprise sans évoquer la TVA. Il s'agit d'un impôt indirect sur la consommation qui concerne en principe tous les biens et services consommés ou utilisés en France.

En créant votre entreprise, vous jouerez un rôle de collecteur d'impôt pour le compte de l'État : vous facturerez la TVA à vos clients et la reverserez ensuite au Trésor, déduction faite de celle que vous aurez payée sur vos achats.

C'est donc le consommateur final qui supporte la charge de la TVA, et non les entreprises qui concourent à la production des biens et services.

Le minimum à connaître sur la TVA

→ Ses taux (hors Corse et DOM) :

TAUX NORMAL	19,6 %
TAUX RÉDUIT (PRODUITS ALIMENTAIRES PRINCIPALEMENT, LIVRES, CERTAINS TRAVAUX D'ENTRETIEN DU BÂTIMENT)	5,5 %
TAUX PARTICULIER (PUBLICATIONS DE PRESSE ET CERTAINS MÉDICAMENTS)	2,1 %

→ Son mécanisme :

- À chaque fois que vous facturerez des biens ou des services, vous mentionnerez un montant HT auquel vous ajouterez la TVA.

Elle est due dès la livraison de la marchandise s'il s'agit de produits, ou lors de l'encaissement du prix s'il s'agit d'une prestation de services.

- Vous payerez, vous-même, vos fournisseurs TTC. La TVA incluse dans vos règlements sera déductible de la TVA que vous aurez collectée sur vos ventes.
- La TVA à reverser au Trésor (TVA exigible) sera donc égale à la TVA collectée – la TVA récupérable.

Votre première demande de remboursement de crédit de TVA risque d'être un peu longue. Prenez-le en considération.

→ Comment vous faire rembourser un crédit de TVA ?

En début d'activité, vous risquez de vous retrouver avec un crédit de TVA : vous aurez sans doute effectué plus de dépenses que de recettes.

Sachez qu'il est possible de demander le remboursement de ce crédit, s'il est au moins égal à 150 €, en retirant auprès du centre des impôts un imprimé n° 3519.

Le dispositif de franchise de TVA

Le mécanisme de franchise vous permet de facturer vos produits et services sans TVA. Mais, en contrepartie, vous ne pourrez la récupérer sur vos achats...

Il existe un dispositif de franchise de TVA applicable aux entreprises (et associations assujetties) dont le chiffre d'affaires hors taxes n'excède pas :

→ 80 000 € pour les activités de vente de marchandises, de ventes à consommer sur place ou les prestations d'hébergement ;

→ 32 000 € pour les autres prestations de services.

Ces seuils sont identiques à ceux du régime fiscal de la « micro-entreprise » concernant la détermination des bénéfices des entrepreneurs individuels.

En principe, pour les entreprises nouvelles, la franchise **est de droit** tant que le seuil de chiffre d'affaires visé ci-dessus n'est pas atteint. Si vous ne souhaitez pas bénéficier de ce dispositif pour préserver vos droits à déduction, pensez à opter pour l'application de la TVA dès le début de votre activité. L'option est valable deux ans. Elle peut être faite à tout moment et prend effet le premier jour du mois au cours duquel elle est formulée.

Attention : si vous optez pour l'application de la TVA, vous perdrez le bénéfice du régime fiscal de la « micro-entreprise » réservé aux entreprises individuelles.

Les entreprises bénéficiant de ce dispositif doivent mentionner sur leurs factures : « TVA non applicable, art. 293 B du Code général des impôts ».

En cas de dépassement des seuils de 80 000 ou 32 000 €, la franchise reste applicable pour l'année en cours et l'année suivante, tant que le montant de chiffre d'affaires n'excède pas 88 000 ou 34 000 €.

En revanche, si ces derniers seuils sont franchis en cours d'année, la TVA s'applique à compter du premier jour du mois de dépassement. Les conséquences de ce passage à la TVA sont exposées dans la partie « régime fiscal de la micro-entreprise ».

p. 140

Les déclarations de TVA

Comme en matière d'impôt sur les bénéfices, il existe deux régimes de déclaration et de paiement de la TVA :

- → le régime simplifié ;
- → et le régime normal.

Vous pourrez, dès le démarrage de votre entreprise, bénéficier du régime simplifié. Il vous faudra, dans ce cas, déterminer vous-même le montant de vos acomptes qui doivent représenter au moins 80 % de la taxe réellement due pour le trimestre précédent. N'hésitez pas à vous rapprocher de votre centre des impôts pour obtenir une aide !

Le régime simplifié

Il consiste à verser des acomptes trimestriels de TVA, correspondant à 25 % de la taxe acquittée l'année précédente (20 % pour le quatrième acompte), avant déduction de la TVA afférente aux biens constituant les immobilisations.

Une seule déclaration annuelle est effectuée, avant le 30 avril de l'année suivante, pour déterminer la taxe due au titre de l'année écoulée, ainsi que le montant des acomptes trimestriels de l'année suivante. Le complément de taxe éventuellement exigible est versé lors du dépôt de cette déclaration.

Le régime normal

Il consiste quant à lui à déposer mensuellement ou trimestriellement une déclaration de TVA et à acquitter en même temps la taxe exigible.

Récapitulatif

Activités commerciales et artisanales (BIC)	Activités libérales (BNC)
Impôt sur les bénéfices : l'entreprise est soumise au régime fiscal de la micro-entreprise → TVA non applicable (franchise)	***Impôt sur les bénéfices : l'entreprise est soumise au régime fiscal de la micro-entreprise*** → TVA non applicable (franchise)
Impôt sur les bénéfices : l'entreprise est soumise, sur option, au régime du bénéfice réel simplifié → TVA : régime simplifié → Possibilité de bénéficier de la franchise en base de TVA (pas de facturation de TVA)	***Impôt sur les bénéfices : l'entreprise est soumise, sur option, au régime de la déclaration contrôlée*** → TVA : régime simplifié → Possibilité de bénéficier de la franchise en base de TVA
Impôt sur les bénéfices : l'entreprise est soumise, de plein droit, au régime du bénéfice réel simplifié → TVA : régime simplifié → Possibilité d'opter pour le régime normal	***Impôt sur les bénéfices : l'entreprise est soumise, de plein droit, au régime de la déclaration contrôlée*** → TVA : régime simplifié si les recettes n'excèdent pas 230 000 €
Impôt sur les bénéfices : l'entreprise est soumise au régime du bénéfice réel simplifié → TVA : régime normal → Possibilité d'opter pour le régime normal	

▷ Comprendre votre régime social

TNS, TS, cotisations forfaitaires, ajustements, régularisations… si vous avez été habitué à recevoir un salaire net chaque mois de votre employeur, il va falloir vous habituer à de nouvelles pratiques !

Salarié ou non-salarié ?

Être salarié de sa micro-entreprise est une situation peu fréquente en pratique. En effet, pour avoir le statut social de salarié, il faut obligatoirement créer une SARL et y exercer :

- soit des fonctions de gérant minoritaire ;
- soit des fonctions techniques en qualité d'associé non gérant, titulaire d'un contrat de travail.

Dans tous les autres cas, vous serez rattaché au régime social des « non-non », c'est-à-dire des travailleurs non salariés (TNS) non agricoles.

Le régime social des salariés

Ce régime est à la fois bien et mal connu :

- bien connu, car il concerne une grande majorité de personnes ;
- mal connu, car les salariés ont généralement une idée fausse du coût supporté par leur employeur : charges patronales, assurances complémentaires, régime de retraite complémentaire...

Vous serez gérant minoritaire

Rappel : vous serez gérant minoritaire si le total de vos parts sociales, de celles de votre conjoint, de vos enfants mineurs, ainsi que, le cas échéant, des autres gérants, représente au plus 50 % du capital de la SARL.

Si vous percevez une rémunération pour vos fonctions de dirigeant, elle sera « assimilée à un salaire » au regard de votre régime social. Par conséquent :

- Vous cotiserez au régime de Sécurité sociale des salariés et à une caisse de retraite de cadres, proportionnellement au montant de votre rémunération.

- Si vous agissez bénévolement, vous n'aurez pas de cotisations à verser, mais attention, vous n'aurez pas non plus de protection sociale, à moins d'être couvert au titre d'une autre activité.
- Vous ne cotiserez pas aux Assedic et ne bénéficierez donc pas d'une assurance chômage.
- Vous ne serez pas soumis aux règles du droit du travail et de la convention collective éventuellement applicable : vous ne pourrez donc pas être licencié (mais révoqué !), et n'aurez pas droit à des congés payés comme tout salarié !

Vous pouvez néanmoins cumuler vos fonctions de dirigeant avec des fonctions techniques totalement indépendantes et recevoir en contrepartie une rémunération spécifique. Dans cette situation, la rémunération qui vous sera versée au titre de votre contrat de travail aura toutes les caractéristiques d'un salaire, sauf en ce qui concerne l'assurance chômage : les Assedic risquent en effet de ne pas reconnaître votre contrat de travail, en raison de l'absence de lien de subordination existant entre vous et votre société (vous serez effectivement à la fois l'employeur et l'employé).

Évitez de payer inutilement des cotisations d'assurance chômage. Prenez les devants en soumettant à votre antenne Assedic (Pôle emploi) votre contrat de travail. Si elle le reconnaît, vous payerez des cotisations et serez assuré. Si elle ne le reconnaît pas, vous n'aurez aucune cotisation à payer au titre de ce risque. Libre à vous de prendre alors une assurance volontaire auprès de l'Appi ou la GSC.

p. 231 et 234

Vous serez associé non gérant

Si vous percevez une rémunération pour votre activité professionnelle, vous aurez le statut de salarié titulaire d'un contrat de travail.

Si vous travaillez de manière bénévole dans l'entreprise, c'est-à-dire sans recevoir d'avantages particuliers pouvant être requalifiés en rémunération indirecte, cette situation sera en principe considérée comme de l'entraide ponctuelle et ne donnera pas lieu à versement de cotisations sociales. Soyez cependant prudent, car vous ne serez pas assuré en cas d'accident du travail. De même vérifiez auprès de votre assureur que vos actes professionnels seront bien couverts, puisque vous ne serez pas lié contractuellement avec l'entreprise.

Le régime social des travailleurs non salariés (TNS)

Vous serez rattaché à ce régime si vous créez une entreprise individuelle (y compris si vous optez pour le régime d'auto-entrepreneur) ou si vous êtes gérant majoritaire de votre SARL, et *a fortiori*, de votre EURL : situation la plus fréquente lorsque l'on crée une micro-entreprise.

Ce régime implique votre affiliation, par l'intermédiaire du Centre de formalités des entreprises (CFE), auprès du RSI, Régime social des indépendants : *www.le-rsi.fr*

→ Si vous êtes commerçant ou artisan, le RSI sera votre interlocuteur social unique.

→ Si vous exercez une profession libérale, votre affiliation auprès du RSI ne concernera que l'assurance maladie.

Vous devrez également vous affilier à l'Urssaf (pour vos cotisations d'allocations familiales, CSG et CRDS) et à une caisse de retraite dépendant de la CNAVPL : *www.cnavpl.fr*

p. 233

En ce qui concerne l'assurance maladie, le CFE vous remettra une liste d'organismes conventionnés par le RSI et vous choisirez celui qui encaissera vos cotisations et payera vos prestations.

Vos cotisations ne seront pas versées au fur et à mesure de vos encaissements, comme c'est le cas dans le régime général des salariés. Elles feront l'objet d'un versement provisionnel semestriel qui sera régularisé l'année suivante lorsque vos revenus seront connus.

En ce qui concerne l'assurance maladie et l'assurance vieillesse, vous aurez un minimum de cotisations à verser, quelle que soit l'importance de vos revenus. En contrepartie, vous bénéficierez, dès le démarrage de votre activité, de la protection sociale des TNS.

Nouveau : régime de l'auto-entrepreneur. Si vous démarrez une petite activité dont le chiffre d'affaires prévisionnel est inférieur à 80 000 ou 32 000 € en fonction de votre activité, vous pouvez désormais opter pour le système du « micro-social » qui vous permet de :

p. 165

- déclarer votre chiffre d'affaires au RSI chaque mois ou chaque trimestre échu ;
- payer, de façon concomitante vos charges sociales calculées en appliquant un pourcentage sur ce chiffre d'affaires ;
- ne pas faire d'avance de cotisations comme dans le régime normal.

p. 266

Votre future protection sociale

L'étendue de votre couverture sociale

Le tableau de la page suivante compare le niveau de protection sociale des deux régimes.

Depuis le 1er janvier 2001, le niveau de remboursement des consultations, des soins médicaux et de la pharmacie est identique dans les deux régimes.

Risque	Régime général	Régime des TNS
Prise en charge des hospitalisations	80 %	80 %
Prise en charge des gros risques (hospitalisation de plus de 30 jours, maladie longue et coûteuse, soins des quatre derniers mois de maternité, soins du nouveau-né hospitalisé...)	100 %	100 %
Prise en charge des petits risques (consultations médicales, pharmacie, auxiliaires médicaux)	70 – 65 – 60 % 35 % sur certains médicaments	70 – 65 – 60 % 35 % sur certains médicaments
Versement d'indemnités journalières en cas de maladie	OUI Dans la limite de 360 jours sur 3 ans et à condition d'avoir cotisé un certain nombre d'heures. Délai de carence : trois jours	– Activités commerciales et artisanales : OUI dans la limite de 360 jours sur 3 ans et à condition d'avoir cotisé pendant un an. Délai de carence : trois jours en cas d'hospitalisation, et sept jours en cas de maladie ou d'accident. – Professions libérales : NON
Versement d'indemnités journalières en cas de maternité (ou de paternité)	OUI	Versement : – d'une allocation de repos maternel (2 859 €) – d'une indemnité de 2 096 € pour 44 jours à 3 526,10 € pour 74 jours d'interruption d'activité – d'une indemnité « paternité »
Assurance accident du travail	OUI	NON
Retraite de base	OUI	OUI
Retraite complémentaire	OUI	OUI

Le régime de retraite de base est également équivalent dans les deux régimes, à l'exception du régime de retraite des professions libérales qui demeure totalement autonome.

Des différences significatives se retrouvent en revanche au niveau des régimes de retraite complémentaire.

Le risque « chômage » n'est pas garanti. Vous devrez pour cela :

→ soit cotiser volontairement auprès d'une assurance. Il existe deux régimes : l'Appi (Association pour la protection des patrons indépendants) et la GSC (Garantie sociale des chefs d'entreprise) ;

→ soit faire valider un contrat de travail pour des fonctions techniques auprès des Assedic (Pôle emploi).

Le régime des TNS est légèrement moins protecteur... mais il est également moins coûteux ! Si vous souhaitez prendre des assurances complémentaires, vous vous apercevrez vite qu'à coût égal, votre protection sera identique, voire meilleure dans le régime des TNS. Faites établir des comparaisons par des compagnies d'assurance complémentaire.

p. 231 et 234

Le mode de calcul de vos cotisations

Si vous relevez du **régime général des salariés,** vos cotisations (salariales et patronales) seront calculées sur la rémunération brute qui vous sera versée chaque mois (à l'exception de la CSG-CRDS dont l'assiette correspond à 97 % de votre rémunération).

En revanche, si, comme la majorité des micro-entrepreneurs, vous relevez du **régime des non-salariés,** vos cotisations seront calculées sur la base de vos revenus professionnels imposables.

Or, ces revenus, vous ne les connaîtrez et ne les déclarerez que l'année suivante ! Vous allez donc devoir, en attendant, verser des cotisations provisionnelles, qui seront régularisées ultérieurement...

sauf si vous décidez l'opter pour le nouveau régime « micro-social » applicable aux auto-entrepreneurs.

Examinons en détail, ces deux possibilités : régime normal et régime « micro-social ».

Le régime « normal »

→ Principe

1) Dans ce régime, les cotisations pour l'année en cours sont tout d'abord calculées, à titre de **provision,** sur la base du revenu professionnel de l'année N-2.
   Elles sont réparties en 10 mensualités, de janvier à octobre.

2) Lorsque le revenu professionnel de l'année N est connu (c'est-à-dire l'année suivante), il est procédé, en novembre et décembre, à la **régularisation** de l'année N.

3) Pour les **deux premières années** d'activité, étant donné que le revenu professionnel n'est pas encore connu, les cotisations sont calculées sur une base forfaitaire annuelle égale à :
   - 6 801 € la 1ère année d'activité (montant 2009) ;
   - 10 202 € la 2ème année d'activité (montant 2010).

   Cette base forfaitaire est applicable à toutes les cotisations à l'exception :
   - des cotisations de retraite complémentaire des artisans (les bases étant respectivement fixées à 11 436 € et 17 154 € pour 2009 et 2010) ;
   - des cotisations de retraite des professions libérales, qui disposent d'un régime particulier.

4) Aucun appel de cotisations ne pourra être fait avant un **délai de 3 mois.**

Le tableau suivant vous aidera à comprendre le principe.
(C = commerçant, A = artisan, PL = profession libérale)

Échéances	Année 1 (2009)	Année 2 (2010)	Année 3 (2011)
Janvier	–	Cotisation provisionnelle forfaitaire année 2 *C : 459 €* *A : 532 €* *PL : 202 €*	Cotisation provisionnelle calculée sur la base du revenu de l'année 1
Février	–	Cotisation provisionnelle forfaitaire année 2 *C : 510 € (2)* *A : 532 € (3)* *PL : 253 € (1)*	Cotisation provisionnelle calculée sur la base du revenu de l'année 1
Mars	–	Cotisation provisionnelle forfaitaire année 2 *C : 459 €* *A : 532 €* *PL : 202 €*	Cotisation provisionnelle calculée sur la base du revenu de l'année 1
Avril	Cotisation provisionnelle forfaitaire année 1 *C : 341 €* *A : 394 €* *PL : 442 € (1)*	Cotisation provisionnelle forfaitaire année 2 *C : 459 €* *A : 532 €* *PL : 1 172 € (1)*	Cotisation provisionnelle calculée sur la base du revenu de l'année 1
Mai	Cotisation provisionnelle forfaitaire année 1 *C : 341 €* *A : 394 €* *PL : 150 €*	Cotisation provisionnelle forfaitaire année 2 *C : 459 €* *A : 532 €* *PL : 202 €*	Cotisation provisionnelle calculée sur la base du revenu de l'année 1
Juin	Cotisation provisionnelle forfaitaire année 1 *C : 341 €* *A : 394 €* *PL : 150 €*	Cotisation provisionnelle forfaitaire année 2 *C : 459 €* *A : 532 €* *PL : 202 €*	Cotisation provisionnelle calculée sur la base du revenu de l'année 1

(1) Inclus la cotisation vieillesse, payable chaque semestre.
(2) Inclus la contribution à la formation professionnelle.
(3) À ajouter : contribution à la formation professionnelle des artisans (99 €) versée au Trésor public.

Échéances	Année 1 (2009)	Année 2 (2010)	Année 3 (2011)
Juillet	Cotisation provisionnelle forfaitaire année 1 *C : 341 €* *A : 394 €* *PL : 150 €*	Cotisation provisionnelle forfaitaire année 2 *C : 459 €* *A : 532 €* *PL : 202 €*	Cotisation provisionnelle calculée sur la base du revenu de l'année 1
Août	Cotisation provisionnelle forfaitaire année 1 *C : 341 €* *A : 394 €* *PL : 150 €*	Cotisation provisionnelle forfaitaire année 2 *C : 459 €* *A : 532 €* *PL : 202 €*	Cotisation provisionnelle calculée sur la base du revenu de l'année 1
Septembre	Cotisation provisionnelle forfaitaire année 1 *C : 341 €* *A : 394 €* *PL : 150 €*	Cotisation provisionnelle forfaitaire année 2 *C : 459 €* *A : 532 €* *PL : 202 €*	Cotisation provisionnelle calculée sur la base du revenu de l'année 1
Octobre	Cotisation provisionnelle forfaitaire année 1 *C : 341 €* *A : 394 €* *PL : 443 € (1)*	Cotisation provisionnelle forfaitaire année 2 *C : 464 €* *A : 539 €* *PL : 1 172 € (1)*	Cotisation provisionnelle calculée sur la base du revenu de l'année 1
Novembre	Cotisation provisionnelle forfaitaire année 1 *C : 341 €* *A : 394 €* *PL : 150 €*	Régularisation année 1	Régularisation année 2 (ou remboursement du trop versé)
Décembre	Cotisation provisionnelle forfaitaire année 1 *C : 338 €* *A : 399 €* *PL : 150 €*	Régularisation année 1	Régularisation année 2
Total	*C : 3 066 €* *A : 3 551 € (3)* *PL : 2 085 €*	*C : 4 646 €* + régularisation *A : 5 327 €* + régularisation *PL : 4 011 €* + régularisation	Fonction des revenus des années 1 et 2

→ **Bon à savoir !**

- Si vous estimez que vos revenus professionnels des 2 premières années seront différents des bases forfaitaires mentionnées ci-dessus, vous pouvez demander au RSI, par simple lettre, que vos cotisations provisionnelles soient calculées **sur la base de vos revenus estimés…** sous réserve de cotisations minimales (si vous n'êtes pas salarié ou retraité par ailleurs).
  Si vous pensez gagner beaucoup plus, cette précaution aura pour conséquence de gonfler vos cotisations provisionnelles et de réduire en conséquence la régularisation de la 3ème année. Une sage décision !
- Vous pourrez demander au RSI, par simple lettre, de ne pas verser de cotisations provisionnelles ou définitives pendant les 12 premiers mois de votre activité. Mais attention : il ne s'agit pas d'une exonération, mais d'un simple report qui peut vous poser de sérieux problèmes de trésorerie les années suivantes. Réfléchissez donc bien avant de demander l'application de ce dispositif.
- Enfin, le paiement des cotisations dues au titre de ces 12 premiers mois pourra faire l'objet, sur demande également, d'un échelonnement sur une période maximale de 5 ans.

Le régime « micro-social »

C'est nouveau… mais il est impossible que vous n'en ayez pas entendu parler ! Il s'agit du régime applicable aux **auto-entrepreneurs.**

Une des principales critiques faites au régime « normal » expliqué ci-dessus est l'obligation de verser des cotisations provisionnelles, calculées sur une base forfaitaire et payables même en l'absence de revenus !

Si vous adoptez le régime de l'auto-entrepreneur, vous vous acquitterez de vos cotisations *a posteriori,* au fur et à mesure et en proportion de vos encaissements (mensuels ou trimestriels)... et uniquement en cas d'encaissements !

p. 261

C'est donc beaucoup plus simple et sécurisant. Mais attention, ce n'est pas forcément intéressant dans toutes les situations... Reportez-vous aux explications figurant dans le cahier spécial dédié à ce nouveau régime.

p. 138

Ce régime vous concernera si votre chiffre d'affaires prévisionnel se situe dans les seuils du régime fiscal de la micro-entreprise, c'est-à-dire en dessous de 80 000 ou 32 000 € en fonction de votre activité.

Vos cotisations seront calculées trimestriellement (ou mensuellement à compter de juillet 2009) en appliquant à votre chiffre d'affaires un pourcentage fixé à 12, 18,3 ou 21,3 % en fonction de votre activité.
Si vous n'encaissez rien, vous ne payez rien. Par ailleurs, vous n'aurez pas de cotisations à régulariser l'année suivante.

p. 147

Rappel : en optant pour ce nouveau régime, vous pouvez également opter pour le prélèvement libératoire de l'impôt sur le revenu. Le pourcentage fixé ci-dessus est alors majoré de 1, 1,7 ou 2,2 % en fonction de votre activité.

p. 259

Pour tout savoir sur ce régime, reportez-vous au cahier spécial figurant à la fin de cet ouvrage.

Les taux de cotisations des TNS (régimes obligatoires) au premier semestre 2006

→ ***Assurance maladie maternité :*** **6,5 %**, dont 0,60 % dans la limite du plafond de la Sécurité sociale, et 5,90 % dans la limite de cinq fois le plafond.

À cela s'ajoute 0,70 % au titre des indemnités journalières (commerçants et artisans).

> *À titre indicatif, pour un revenu de 30 000 €, vos charges sociales représenteront environ 45 % de ce revenu si vous avez le statut de TNS et 57 % si vous avez le statut de dirigeant salarié (non couvert par les Assedic).*
>
> *Si vous gagnez plus, l'écart se creusera. Pour un revenu de 50 000 €, les charges passeront à environ 26 % pour le statut de TNS et à 53 % pour celui de dirigeant salarié.*

→ ***Allocations familiales :*** **5,4 %** sur la totalité du revenu professionnel.

→ ***CSG et CRDS :*** **8 %** sur la totalité du revenu professionnel.

→ ***Assurance vieillesse – régime commerçants :***

- régime de base : **16,65 %** dans la limite du plafond de la Sécurité sociale ;
- invalidité-décès : **1,3 %** dans la limite du plafond de la Sécurité sociale ;
- régime complémentaire obligatoire : **6,5 %** dans la limite de trois fois le plafond de la Sécurité sociale.

→ ***Assurance vieillesse – régime artisans :***

- régime de base : **16,65 %** dans la limite du plafond de la Sécurité sociale ;
- invalidité-décès : **1,8 %** dans la limite du plafond de la Sécurité sociale ;
- retraite complémentaire obligatoire : **7,1 %** sur la part de revenus inférieure ou égale au plafond spécifique (33 775 € pour

2009), et **7,5 %** sur la part de revenus compris entre ce plafond et quatre fois le plafond de la Sécurité sociale.

→ ***Assurance vieillesse – régime Cipav (conseils, experts, architectes, dessinateurs techniques, traducteurs, interprètes, secrétaires à domicile, écrivains publics…) :***

- régime de base : **8,6 %** dans la limite de 85 % du plafond de la Sécurité sociale, et **1,6 %** entre 85 % et 5 fois ce plafond ;
- invalidité-décès : **76 €, 228 € ou 380 €,** suivant la classe choisie ;
- régime complémentaire obligatoire : **variable de 988 € à 9 880 €,** selon les revenus.

Nouveau : le plafonnement des cotisations sociales

Ce paragraphe vous concernera si vous créez une entreprise individuelle soumise au régime fiscal de la micro-entreprise avant le 1er janvier 2010. Une nouvelle disposition plafonne l'ensemble de vos cotisations à :

→ 14 % de votre chiffre d'affaires HT si votre activité concerne l'achat-vente de marchandises, l'hôtellerie ou encore la restauration ;

→ 24,6 % de votre chiffre d'affaires HT si votre activité relève des prestations de services.

Attention cependant, ce dispositif n'est pas cumulable avec une des mesures d'exonération de charges sociales visées ci-après (Accre, salariés créateurs…) et il ne concerne, pour le moment, que les artisans et les commerçants.

Les assurances complémentaires

Si vous créez une entreprise individuelle ou si vous devenez gérant majoritaire de votre SARL (ou EURL), vous pourrez, si vous le souhaitez, vous constituer une protection sociale sur mesure, équivalente (voire meilleure) à celle d'un salarié.

En effet, vous pourrez déduire de vos bénéfices les cotisations versées dans le cadre :

- → soit d'un contrat d'assurance groupe (contrat dit « Madelin ») pour la retraite, la prévoyance ou l'assurance chômage facultative ;
- → soit du régime facultatif de Sécurité sociale, pour les accidents du travail ou les maladies professionnelles par exemple.

Renseignez-vous auprès d'un courtier ou d'une compagnie d'assurances.

Si vous ne remplissez pas les conditions qui vous permettraient de prétendre à une exonération, et si vous prévoyez un chiffre d'affaires ou des recettes très faibles en début d'activité, sachez qu'il est toujours possible de vous rapprocher de votre caisse de retraite pour demander une réduction de cotisations, en particulier si vous exercez une profession libérale.
Mais attention dans ce cas, vos trimestres ne seront pas validés en totalité.

À connaître : les mesures d'exonération de charges sociales

L'aide aux demandeurs d'emploi créant ou reprenant une entreprise : Accre (Art. L. 351-24, R. 351-41 et suivants du Code du travail)

Vous pourrez prétendre à ce dispositif si vous êtes :

- → demandeur d'emploi indemnisé ou susceptible de l'être ;
- → demandeur d'emploi non indemnisé ayant été inscrit 6 mois au cours des 18 derniers mois au Pôle emploi (ANPE) ;
- → bénéficiaires de l'allocation de solidarité spécifique (ASS) ;
- → bénéficiaires de l'allocation d'insertion (AI) ou de l'allocation temporaire d'attente (ATA) ;
- → bénéficiaire de l'allocation de parent isolé (API) ;

- bénéficiaire du RMI, ou conjoint/concubin d'un bénéficiaire du RMI ;
- âgé de 18 à 25 ans ;
- âgé de 26 à 29 ans, non susceptible de percevoir des allocations de chômage ou reconnu handicapé ;
- salarié repreneur de votre entreprise en difficulté ;
- bénéficiaire du complément de libre choix d'activité (allocation versée aux personnes qui interrompent totalement ou partiellement leur activité professionnelle pour s'occuper de leur enfant de moins de 3 ans) ;
- créateur dans une zone urbaine sensible (ZUS).

Cette aide consiste à vous exonérer de charges sociales pendant un an sur la partie de vos revenus ne dépassant pas 120 % du Smic (19 022 € en 2009).

Toutes les cotisations sont concernées par cette exonération à l'exception de la CSG, de la CRDS, de la retraite complémentaire, du risque accident de Travail, du FNAL, de la formation professionnelle continue et du versement transport.

Pour obtenir cette aide si vous créez une société, vous devez en exercer le contrôle effectif, c'est-à-dire :

- soit détenir plus de 50 % du capital — seul ou avec votre conjoint, vos ascendants et descendants — avec au moins 35 % à titre personnel ;
- soit être gérant et détenir au moins un tiers du capital — seul ou avec votre conjoint, vos ascendants et descendants — avec au moins 25 % à titre personnel.

La demande d'aide doit être faite auprès de votre CFE lors du dépôt de votre déclaration de création ou dans les 45 jours suivants.

À noter : en bénéficiant de l'Accre, vous pouvez également accéder au nouveau dispositif Nacre qui vous permet d'être accompagné dans votre projet et d'obtenir un prêt à taux zéro.

Prolongation de l'Accre pour les micro-entrepreneurs

Si vous créez une entreprise soumise au régime fiscal de la micro-entreprise, et que vous percevez un revenu professionnel (chiffre d'affaires — abattement) inférieur ou égal à 1 820 fois le montant horaire du Smic (soit 15 852 € pour 2009), vous pourrez bénéficier d'une prolongation de la durée d'exonération de 24 mois maximum selon les modalités suivantes :

- exonération totale jusqu'à 5 456 € de revenus professionnels annuels ;
- exonération de 50 % de 5 456 à 15 852 € de revenus professionnels annuels. Vous devrez pour cela adresser une demande écrite au RSI (et à votre caisse de retraite si vous exercez une profession libérale).

Attention : cette exonération n'est pas cumulable avec le nouveau dispositif de plafonnement des cotisations sociales. Il va donc falloir faire un choix !

Exonération de cotisations sociales au bénéfice des salariés-créateurs (Art. 16 de la loi pour l'initiative économique)

Si vous êtes salarié et que vous souhaitez créer une entreprise en conservant simultanément votre emploi, vous bénéficierez d'une exonération des cotisations sociales dues au titre de votre nouvelle activité d'entrepreneur.

Cette exonération, qui porte sur les cotisations d'assurance maladie, maternité, veuvage, vieillesse, invalidité-décès et allocations familiales vous sera accordée :

- dans la limite des 12 premiers mois d'activité ;
- et dans la limite d'un plafond de rémunération correspondant à 120 % du Smic. Pour bénéficier de cette mesure, vous devez justifier d'un nombre minimal d'heures d'activité salariée ou assimilée :
  - 910 heures au cours des 12 mois précédant la création ;
  - 455 heures dans les 12 mois suivants.

  Cette justification peut se faire par tous moyens : attestation de l'employeur, bulletins de paye…
  La procédure de demande d'exonération est simple ; il vous suffit d'adresser une lettre à chaque organisme social concerné, en joignant les pièces justificatives.

Exonération de charges sociales dans les zones franches urbaines ou dans les zones de redynamisation urbaine

Si vous êtes commerçant ou artisan et que vous créez votre activité dans une ZFU ou ZRU, vous bénéficierez, à titre personnel, d'une exonération de vos cotisations sociales maladie pendant 5 ans, avec un plafond annuel de revenu exonéré de 3 042 fois le montant horaire du Smic (soit 26 496 € pour 2009). Dans les ZFU, une sortie dégressive sur 9 ans est prévue.

Votre comptabilité

Le mot « comptabilité » évoque généralement dans nos esprits des notions de contrainte, de paperasses, d'alignement de chiffres, de perte de temps... En réalité, elle est très utile aux entrepreneurs : elle permet, bien sûr, de déterminer le résultat imposable de l'entreprise, mais aussi — et surtout — elle représente un outil de gestion important, susceptible de limiter significativement les risques liés à la création d'entreprise.

Vos obligations comptables

p. 137

Elles seront plus ou moins contraignantes en fonction du régime fiscal que vous allez adopter.

Vous avez choisi le régime de la micro-entreprise (BIC ou BNC)

Vos obligations comptables seront réduites au minimum.

→ Vous porterez le montant et l'origine de vos recettes, au fur et à mesure des encaissements, dans un « livre journal », que vous vous procurerez en librairie, en distinguant les règlements en espèces des autres règlements.

Même dans le régime de la micro-entreprise, conservez l'ensemble de vos factures et pièces justificatives relatives à vos achats, à vos ventes et à vos prestations de services.

→ Si votre activité consiste à vendre des marchandises, des objets, aliments à consommer sur place ou à fournir des prestations d'hébergement, vous tiendrez un registre sur lequel vous récapitulerez, par année, le détail de vos achats, en précisant le mode de règlement et les références de pièces justificatives (factures, notes...).

Vous changerez peut-être plus tard de régime, et ces pièces pourront alors vous être utiles, notamment pour récupérer une quote-part de la TVA acquittée sur vos achats...

→ Enfin, vos factures devront être libellées HT et mentionner « TVA non applicable, article 293 B du CGI » (voir modèle en dernière partie de cet ouvrage).

Vous serez soumis à un régime réel d'imposition

Vos obligations différeront selon la nature de votre activité principale.

Votre activité est commerciale ou artisanale

De manière très schématique, retenez que votre résultat sera composé de tous les produits et de toutes les charges de l'exercice, même s'ils n'ont pas fait l'objet d'un encaissement ou d'un paiement.

Ainsi, votre comptabilité doit enregistrer, au titre d'un exercice considéré :

→ les sommes qui auront été encaissées (vos recettes annuelles) ;

→ les sommes que vous aurez payées (vos dépenses annuelles) ;

→ les sommes qui vous seront dues au titre de cet exercice, mais non encore encaissées (vos créances) ;

→ les sommes que vous devrez, au titre de cet exercice, mais que vous n'aurez pas encore payées (vos dettes).

La tenue de votre comptabilité vous permettra, selon l'intérêt que vous y porterez et le degré de précision que vous exigerez :
- *de déterminer votre résultat imposable ;*
- *mais aussi de piloter véritablement votre activité, c'est-à-dire d'avoir à tout moment une idée précise de votre niveau d'activité (ventes, dépenses) et de votre trésorerie.*

Il y a deux manières de prendre en compte ces différentes sommes : soit en tenant une comptabilité classique, soit en tenant une comptabilité dite « de trésorerie ».

➡ La comptabilité « classique »

Elle consiste à enregistrer les créances et les dettes au fur et à mesure de leur apparition. Avec ce type de comptabilité, vous saurez à tout moment où vous en êtes et vous ne risquerez pas de confondre « trésorerie » et « résultat ». Elle reste facultative tant que votre chiffre d'affaires reste en dessous de 763 000 € (activités de vente) ou de 230 000 € (services), mais conseillée si votre activité vous conduit à accorder des délais de paiement à vos clients, ou à payer vos fournisseurs à terme. Le recours à un expert-comptable s'avérera indispensable à moins que vous n'ayez, de par votre formation ou votre expérience, des compétences dans ce domaine.

➡ La comptabilité « de trésorerie »

Elle consiste :

- à enregistrer vos recettes et vos dépenses, par ordre chronologique, soit manuellement sur un livre journal coté et paraphé par le tribunal de commerce soit en les saisissant, si la tenue de votre comptabilité est informatisée. Selon l'activité exercée, le livre-journal peut être détaillé en plusieurs livres auxiliaires : livre de caisse, d'achats, de ventes, de banque, de chèques postaux…
- à ventiler ces écritures dans des comptes de charges, de produits, d'immobilisations… en suivant le plan comptable ; cette ventilation s'établit dans un « grand livre » (registre « papier » ou listing informatique) regroupant l'ensemble des comptes de l'entreprise ;

Votre clientèle sera constituée en grande partie de particuliers qui vous paieront au comptant ? Dans ce cas, n'hésitez pas à tenir une comptabilité de trésorerie. Même si vous n'êtes pas un « as des chiffres », vous pourrez enregistrer vous-même vos encaissements et vos paiements tout au long de l'année et confier à un expert-comptable les opérations de régularisation à la clôture de l'exercice.

- à conserver et à classer toutes les pièces justificatives (en particulier les factures émises et reçues) ;
- à enregistrer, en fin d'exercice, les créances et les dettes, c'est-à-dire les factures de vente et d'achat qui feront l'objet d'un règlement au cours de l'exercice suivant mais qui concernent l'exercice en cours ;
- à effectuer, à la clôture de l'exercice, des opérations d'inventaire, qui consisteront à constater les amortissements et les provisions nécessaires, à régulariser les charges et les produits et à recenser et à évaluer les stocks et les travaux en cours, selon une méthode simplifiée ;
- à établir les comptes annuels de manière simplifiée : bilan, compte de résultat et annexe. La tenue d'un livre d'inventaire relevant chaque année les comptes annuels, coté et paraphé par le greffe du tribunal de commerce, est obligatoire pour les entreprises commerciales.

Si vous avez choisi d'exercer votre activité en entreprise individuelle, vous pourrez opter pour la **comptabilité super-simplifiée** qui vous permettra, en complément :

- de déduire vos frais de carburant forfaitairement selon un barème spécifique ;
- de bénéficier d'une dispense de justification des frais généraux accessoires payés en espèces dans la limite de 1 % de votre chiffre d'affaires ;
- d'inscrire au compte de résultat, en fonction de leur date de paiement, les charges dont la périodicité n'excède pas un an ;

- de procéder à une évaluation simplifiée des stocks et des productions en cours selon une méthode forfaitaire ;
- d'être dispensé de bilan si votre chiffre d'affaires n'excède pas 153 000 € HT pour les activités de vente ou 54 000 € HT pour les prestations de services.

Votre activité est libérale

Vos obligations comptables seront considérablement réduites comparativement à celles des commerçants et artisans. En effet, les bénéfices non commerciaux (BNC) sont déterminés uniquement à partir des recettes effectivement encaissées et des dépenses effectivement payées pendant l'exercice. Il n'est tenu compte ni des créances, ni des dettes. Vous devrez donc tenir une comptabilité de trésorerie fondée uniquement sur les règlements et non sur les engagements.

- Vous serez tenu d'ouvrir un livre-journal détaillant vos recettes et vos dépenses ou, si vous préférez, un journal de recettes et un journal de dépenses. Il peut s'agir d'un document « papier » (non coté et paraphé) ou d'un logiciel de comptabilité spécialisé « BNC ».
- Vous mentionnerez dans un « registre des immobilisations et des amortissements » :
  - la date d'acquisition de vos immobilisations (ou date de création) : matériel, véhicules… ;
  - leur nature et leur prix de revient ;
  - le détail des amortissements ;
  - en cas de cession : la date et le prix de vente.

→ Enfin, vous conserverez et classerez vos pièces justificatives (factures émises et reçues).

Comment vous faire aider ?

Vous n'aurez aucun mal à trouver une formation en gestion : selon votre situation actuelle et votre activité, rapprochez-vous de votre chambre de commerce et d'industrie ou de votre chambre de métiers, d'une boutique de gestion, du Pôle emploi, d'un centre (ou association) de gestion agréé...

Toutes ces notions vous paraissent abstraites ? Cela laisse supposer que vous n'avez pas de « culture comptable », ce qui est tout à fait normal si vous n'avez jamais suivi d'enseignement dans cette matière.

Dans ce cas, même si vous avez l'intention de confier votre comptabilité à un professionnel, n'hésitez pas : commencez par suivre une **formation** basique en gestion, de manière à comprendre les grands principes qui régissent la comptabilité et ainsi à pouvoir communiquer dans de bonnes conditions avec votre expert-comptable. Vous ne pouvez pas en effet vous désintéresser totalement de la gestion de votre entreprise !

Le recours à un expert-comptable

Pratique ! Vous trouverez sur www.apce.com dans « la boîte à outils », une application vous permettant de contacter des experts-comptables et de leur demander un devis.

Si vous en avez les moyens, il est évident que le recours à un expert-comptable vous permettra de vous décharger d'un certain nombre de tâches et ainsi de consacrer plus de temps à votre clientèle. Commencez par définir précisément ce que vous attendez de lui :

→ qu'il tienne l'ensemble de votre comptabilité, gère votre trésorerie, analyse vos résultats ?

- qu'il intervienne uniquement en clôture d'exercice pour établir vos comptes annuels et procéder aux opérations de régularisation ?
- qu'il intervienne ponctuellement en qualité de conseil ?
- qu'il établisse vos déclarations fiscales et sociales ?
- qu'il établisse, le cas échéant, les fiches de paie de vos salariés ?

Faites ensuite établir un devis auprès de plusieurs professionnels et comparez leurs tarifs !

L'adhésion à un centre ou à une association de gestion agréé

Adhérer à un CGA ou à une AGA peut tout d'abord vous faire bénéficier d'avantages fiscaux non négligeables, mais aussi vous permettre d'accéder à des services de formation et de gestion peu onéreux. Alors pourquoi ne pas en profiter ?

Les centres de gestion agréés (CGA) concernent les entreprises soumises à l'impôt sur le revenu dans la catégorie des bénéfices industriels et commerciaux (BIC) et les sociétés soumises à l'impôt sur les sociétés.

Les associations de gestion agréées (AGA) concernent les entreprises soumises à l'impôt sur le revenu dans la catégorie des bénéfices non commerciaux (BNC).

Leur rôle

N'adhérez pas à n'importe quel CGA ou AGA. Choisissez-en un proche de chez vous, dans lequel plusieurs professions sont représentées.

Le **CGA** a tout d'abord une mission d'assistance auprès de ses adhérents. Vous recevrez chaque année un dossier de gestion comprenant les principaux ratios, un tableau de financement et un commentaire sur votre entreprise. Ce dossier est généralement complété par une analyse comparative, d'une année sur l'autre, de vos comptes de résultat et bilans.

Un point important : adressez-vous à plusieurs CGA ou AGA en leur demandant leur nombre d'adhérents (plus le nombre sera grand, plus conséquents seront les moyens), leur budget, le nombre de collaborateurs au service des entreprises, les services offerts et leurs tarifs... et comparez !

Si vous choisissez le régime fiscal de la micro-entreprise, vous n'êtes pas concerné par cette partie.

S'il est correctement réalisé, il vous permettra d'avoir une bonne idée des atouts et faiblesses de votre entreprise. Certains centres proposent même de donner à leurs adhérents des éléments de comparaison avec les moyennes de leur secteur d'activité. Vous pourrez, par ailleurs, demander à votre centre d'établir vos déclarations fiscales et même de tenir votre comptabilité s'il est agréé à cet effet.

Quant à l'**AGA,** son principal rôle est de vous inciter et de vous aider à développer l'usage de la comptabilité. Vous pourrez lui demander de tenir tout ou partie de votre comptabilité et d'établir vos déclarations fiscales.

Les CGA et AGA vous proposeront enfin des stages de formation, des lettres d'information, des guides sur la fiscalité, la comptabilité et la gestion...

Les avantages fiscaux

Pour en profiter, votre entreprise devra être soumise à l'impôt sur le revenu — régime du bénéfice réel.

Pour bénéficier de ces avantages fiscaux dès le début de votre activité, pensez à adhérer à un CGA ou à une AGA dans les cinq mois de votre immatriculation.

- Grâce à l'adhésion, votre bénéfice imposable ne sera pas majoré de 25 % avant d'être soumis au barème progressif par tranches.
- Si votre chiffre d'affaires se situe en dessous de la limite du régime de la micro-entreprise, vous bénéficierez, en complément, d'une réduction d'impôt égale aux frais que vous exposerez pour la tenue de votre

comptabilité et pour votre adhésion au CGA ou AGA, dans la limite de 915 € par an.

- Si vous souhaitez salarier votre conjoint et si vous êtes marié sous le régime légal de la communauté réduite aux acquêts, vous pourrez déduire son salaire intégralement (au lieu de 13 800 € par an).
- Enfin vous serez dispensé de pénalités et de majorations fiscales si vous révélez spontanément les erreurs et insuffisances contenues dans vos déclarations.

Vos obligations

En contrepartie de ces avantages, vous aurez un certain nombre d'obligations.

- Si vous êtes adhérent d'un CGA, vous vous engagerez à faire viser vos déclarations de résultats par un expert-comptable ou un comptable agréé, et à fournir au centre les éléments nécessaires à l'établissement d'une comptabilité sincère et transparente. S'il vous demande des justificatifs, des explications sur tel ou tel point de votre comptabilité, vous devrez être en mesure de les lui fournir.
  À noter : cette obligation sera aménagée à compter du 1er janvier 2010.

> *Bon à savoir : les entreprises adhérentes à un CGA ou à une AGA subissent généralement moins de contrôles fiscaux et moins de redressements que les autres.*

- Si vous êtes adhérent d'une AGA, vous devrez vous conformer aux recommandations d'ordre comptable faites par les organisations professionnelles dont vous relevez, s'il en existe, et fournir à l'association tous renseignements utiles lui permettant d'établir la concordance de vos déclarations fiscales avec votre comptabilité.

- Enfin dans les deux cas, vous aurez une cotisation à payer (comptez en moyenne entre 110 et 300 € suivant les régions).

Pour trouver les coordonnées des CGA et AGA, contactez leurs fédérations :

p. 234

- la Fédération nationale des CGA (FNCGA) ;
- la Fédération française des centres de gestion et d'économie de l'artisanat (FFCGEA) ;
- l'Association interrégionale des centres de gestion agréés (AIRCGA) ;

p. 237

- l'Union nationale des associations agréées (Unasa).

Le choix d'un régime fiscal **et** social **n'est pas *toujours aisé* à effectuer.** Pour y parvenir, ***vous devez*** **être** en mesure **de répondre aux questions** suivantes :

Avez-vous des compétences en matière comptable ? Dans la négative, avez-vous dans votre entourage des personnes qui pourront vous aider à tenir vos comptes ?

Souhaitez-vous limiter au maximum vos obligations comptables pour vous consacrer à la prospection de votre clientèle ?

Votre activité nécessite-t-elle de réaliser des investissements, d'acheter un stock ?

Avez-vous évalué le montant des impôts que vous aurez à payer ?

Vous êtes-vous renseigné sur le taux de taxe professionnelle applicable dans votre commune ?

Avez-vous des problèmes de santé ? Avez-vous besoin d'une bonne couverture sociale ?

Votre âge et votre carrière professionnelle vous imposent-ils de rechercher un statut social de salarié ?

Créez ! 5

VOUS AVEZ CONSTRUIT votre projet, vérifié qu'il était réalisable, choisi votre statut, compris les grands principes fiscaux, sociaux et comptables qui régiront votre activité. La dernière étape consiste à donner vie à votre entreprise et à accomplir vos premiers pas en qualité d'entrepreneur.

▷ La naissance de votre micro-entreprise

Un lieu à identifier : le centre de formalités des entreprises (CFE)

Il n'est pas si éloigné le temps où, pour créer une entreprise, il fallait chausser une paire de chaussures de sport, courir auprès de différents organismes et administrations pour recueillir des pièces justificatives, acheter des timbres fiscaux, patienter pendant des heures au greffe du tribunal de commerce… Si vous n'avez pas connu cette heureuse époque, vous ne pouvez imaginer le progrès que représente le CFE : centre de formalités des entreprises.

Sa mission

Elle consiste à centraliser les pièces de votre dossier et à les transmettre, après avoir effectué un contrôle formel, auprès des différents organismes intéressés par la création de votre entreprise :

→ **l'Insee,** qui vous inscrira au répertoire national des entreprises (RNE) et vous attribuera un numéro Siren, un numéro Siret, et un code d'activité *(code APE : activité principale de l'entreprise).*

Le CFE est un passage obligé pour tout créateur. Cependant, en cas d'urgence justifiée, il vous est possible de présenter votre demande d'immatriculation au RCS directement auprès du greffe du tribunal de commerce. Vous devrez dans ce cas produire un document attestant que vous avez préalablement saisi le CFE.

Le numéro Siren est utilisé par tous les organismes publics et les administrations avec lesquels vous serez en relation. Il se décompose en trois groupes de 3 chiffres attribués en fonction de l'ordre d'inscription de votre entreprise (exemple : 321 654 987).

Le numéro Siret identifie l'établissement : une même entreprise peut donc en avoir plusieurs. Ce numéro est demandé notamment par les organismes sociaux, les services fiscaux, l'Assedic. Il doit figurer en particulier sur les bulletins de paye des salariés. Il se compose de 14 chiffres : le numéro Siren auquel sont adjoints 5 chiffres complémentaires
(exemple : 321 654 987 12345).

Le code APE : il identifie votre secteur d'activité. Si le code qui vous est attribué ne correspond pas à votre activité principale, vous avez un mois pour le contester. Ce code n'est pas sans incidences : il détermine notamment la convention collective applicable à votre entreprise. Soyez donc vigilant !

→ **Les services fiscaux :** impossible d'y échapper !
Le CFE leur transmettra votre dossier dans lequel vous aurez déterminé le régime fiscal qui sera applicable à votre entreprise.

p. 137

→ **Les organismes sociaux :** RSI, Urssaf, caisse de retraite. Votre affiliation à ces différentes caisses s'effectuera également *via* le CFE. Par la suite, chaque caisse s'adressera directement à vous pour vous confirmer votre affiliation et vous proposer, pour certaines, une option pour un prélèvement mensuel de vos charges.

→ **Le greffe du tribunal de commerce :** si votre activité est commerciale, ou si vous créez une société, le CFE transmettra votre dossier au registre du commerce et des sociétés (RCS). Le greffier du tribunal de commerce vous adressera par la suite un document attestant de votre immatriculation, nommé « extrait K » pour les entreprises individuelles et « extrait Kbis » pour les sociétés.
À noter : les personnes qui optent pour le régime de l'auto-entrepreneur pour exercer une activité commerciale sont dispensées d'immatriculation au RCS. Elles n'ont donc qu'un seul numéro : le numéro Siren.

Attention : vous ne pouvez être affilié à deux caisses de retraite des travailleurs non salariés. Si vous cumulez deux activités indépendantes, vous cotiserez auprès de celle correspondant à votre activité principale. Adressez, le cas échéant, aux autres caisses qui vous solliciteront une attestation d'affiliation à celle correspondant à votre activité principale.

→ **Le répertoire des métiers :** si votre activité est artisanale, le CFE effectuera à votre place une demande d'immatriculation au répertoire des métiers (RM).

À noter : les personnes qui optent pour le régime de l'auto-entrepreneur pour exercer une activité artisanale sont dispensées d'immatriculation au RM. Elles n'ont donc qu'un seul numéro : le numéro Siren.

→ **Les caisses sociales concernant les salariés** ainsi que **l'inspection du travail,** si votre déclaration indique que vous démarrez votre activité avec des salariés.

À quel CFE devez-vous vous adresser ?

→ Vous avez choisi l'entreprise individuelle

Si votre activité est	Votre CFE est situé
Commerciale	Dans votre chambre de commerce et d'industrie (CCI) → *Immatriculation en ligne :* *www.cfenet.cci.fr* ou *www.greffes-formalites.fr* ou *www.lautoentrepreneur.fr* (en cas d'option pour ce régime)
Artisanale	Dans votre chambre de métiers (CM) → *Immatriculation en ligne :* *www.cfe-metiers.com* ou *www.metiers-formalites.fr* ou *www.lautoentrepreneur.fr* (en cas d'option pour ce régime)
Commerciale et artisanale	Dans votre chambre de métiers (CM) → *Immatriculation en ligne :* *www.cfe-metiers.com* ou *www.metiers-formalites.fr* ou *www.lautoentrepreneur.fr* (en cas d'option pour ce régime)

Libérale	À l'Urssaf → *Immatriculation en ligne :* *www.cfe.urssaf.fr* ou www.greffes-formalites.fr ou *www.lautoentrepreneur.fr* (en cas d'option pour ce régime)
Agent commercial	Au Greffe du tribunal de commerce → *Immatriculation en ligne :* *www.greffes-formalites.fr*
Agricole (secteur d'activité non traité dans cet ouvrage)	Dans votre chambre d'agriculture

→ Vous créez une société

Si votre activité est	Votre CFE est situé
Commerciale ou libérale Agent commercial	Dans votre chambre de commerce et d'industrie (CCI) → *Immatriculation en ligne :* *www.cfenet.cci.fr* ou *www.greffes-formalites.fr*
Artisanale	Dans votre chambre de métiers (CM) → *Immatriculation en ligne :* *www.cfe-metiers.com* ou *www.metiers-formalites.fr*

Un cas particulier : le statut des artistes-auteurs

Vous êtes auteur, traducteur, photographe, créateur d'un logiciel ? Votre activité vous permettra peut-être de bénéficier du statut des « artistes-auteurs ». Ce statut concerne les domaines suivants : création d'œuvres littéraires et dramatiques, musicales et chorégraphiques, audiovisuelles et cinématographiques, photographiques,

graphiques et plastiques, auxquels se sont ajoutés les auteurs de logiciels, les metteurs en scène d'ouvrages dramatiques, lyriques et chorégraphiques.

Pour obtenir les coordonnées de votre CFE, consultez le site de l'APCE : www.apce.com Rubrique : Toutes les étapes/ Formalités/annuaire des CFE.

Le CFE compétent est dans ce cas le centre des impôts. Mais rapprochez-vous dans un premier temps des organismes gestionnaires compétents qui vous apporteront toutes les informations utiles sur ce statut dérogatoire et intéressant à de nombreux égards.

Il s'agit :

p. 231 et 235

- de l'**Agessa** pour les autres œuvres, y compris les auteurs de logiciels ;
- de la **Maison des artistes** pour les auteurs d'œuvres graphiques et plastiques.

Pensez à tout !

Votre activité peut vous imposer certaines démarches. Par exemple, si vous commercialisez des tee-shirts sur les marchés, vous devez faire une déclaration d'activité non sédentaire auprès de votre préfecture ou de votre sous-préfecture qui vous remettra une attestation provisoire. Vous aurez également une demande à faire auprès de la mairie dont relève le marché ou au placier, s'il en existe un.

À faire ou à vérifier, quel que soit votre statut

- **Rendez une première visite au CFE :** il vous remettra un dossier comprenant deux formulaires à remplir ainsi que la liste des pièces à fournir.

  Le premier formulaire concerne la demande d'immatriculation de votre entreprise : il s'agit du formulaire « P0 » s'il s'agit d'une entreprise individuelle et du « M0 » s'il s'agit d'une société.

Le second, intitulé « TNS », vous concerne directement en tant que dirigeant de l'entreprise, si vous dépendez du régime des travailleurs non salariés. Il est destiné aux organismes sociaux.

p. 173

Si vous pouvez prétendre à l'Accre, profitez de votre passage au CFE pour demander le formulaire.

→ Effectuez les **démarches imposées par votre activité.**

→ Si **votre activité est artisanale et si vous n'avez pas opté pour le régime de l'auto-entrepreneur :** demandez à la chambre de métiers votre inscription à un stage de gestion obligatoire de quatre jours. Si vous pensez avoir des diplômes ou une expérience professionnelle susceptible de vous dispenser de cette formalité, sollicitez une dérogation.

Sachez que vous pouvez désormais vous faire rembourser les frais d'inscription à ce stage auprès de la chambre régionale des métiers et de l'artisanat dont vous dépendez.

À noter : un stage de gestion est également proposé aux créateurs d'entreprises commerciales, mais il demeure facultatif.

→ Si vous avez choisi d'**exercer votre activité chez vous,** pensez à :

- vérifier dans votre bail et/ou règlement de copropriété qu'aucune clause ne s'y oppose ;
- demander une autorisation à la mairie, si vous comptez changer la destination de votre local d'habitation, c'est-à-dire si vous comptez recevoir des clients ou entreposer des marchandises, si vous projetez de réaliser des travaux d'aménagement ou encore si vous embauchez du personnel.

p. 49

Par ailleurs, si vous avez choisi d'exercer votre activité en EURL ou SARL et de domicilier votre société chez vous, sachez qu'en cas d'opposition de votre bailleur (ou de votre copropriété), vous pourrez passer outre pendant une période de 5 ans maximum, à condition de lui adresser le courrier suivant :

« J'ai l'honneur de vous informer de mon intention d'user de la faculté prévue par l'article L. 123-11-1 du Code de commerce, en vue d'installer temporairement le siège de ma société ...., dont je suis le dirigeant, à mon domicile personnel, situé............., à compter du...............

J'ai parfaitement connaissance de ce qu'il ne peut résulter des dispositions ci-dessus, ni du changement de destination de l'immeuble, ni de l'application du statut des baux commerciaux.

Veuillez agréer, M................., l'expression de mes sentiments distingués. »

Attention ! Si vous signez un bail commercial, vous vous engagez au moins pour 3 ans : en effet vous ne pourrez le résilier qu'à l'expiration d'une période triennale. C'est pourquoi on emploie couramment l'expression « bail 3-6-9 » pour le désigner.

→ Vous avez un local spécifique pour votre activité professionnelle ? Signez votre **premier contrat de bail.**

S'il s'agit d'un local commercial et si votre activité est commerciale ou artisanale, vous serez soumis au régime des baux commerciaux, régi par le décret n° 53-960 du 30 septembre 1953, qui se caractérise par un droit, à votre profit, au renouvellement du bail, que l'on appelle « la propriété commerciale ».

Sa durée minimale est fixée à neuf ans. Si, au bout de ces neuf ans, le propriétaire ne souhaite pas renouveler le bail, il sera tenu de vous verser une indemnité d'éviction.

Le décret de 1953 prévoit cependant une dérogation à ce principe : le « bail de courte durée », conclu pour une période au plus égale à 24 mois et qui ne confère aucun droit au renouvellement.

Auto-entrepreneur : si vous avez opté pour ce régime et que vous n'êtes pas immatriculé au RCS ou au RM, vous ne bénéficierez pas du droit au renouvellement du bail commercial. Vous pouvez néanmoins, d'un commun accord avec le bailleur, décider de soumettre volontairement le bail au régime des baux commerciaux. Une mention explicite doit alors figurer dans le bail.

S'il s'agit d'un local professionnel, vous ne pourrez bénéficier du régime protecteur décrit ci-dessus. Les baux professionnels sont régis par la loi n° 86-1290 du 23 décembre 1986 et sont conclus pour une durée minimale de 6 ans.

Le locataire peut quitter le local à tout moment, sous réserve de respecter un préavis de 6 mois. Cependant, il ne dispose d'aucun droit au renouvellement de son bail.

Enfin, **s'il s'agit d'un local mixte** — habitation et professionnel —, la réglementation des baux mixtes s'applique. Ces baux, régis par la loi n° 89-462 du 6 juillet 1989, ont une durée minimale de 3 ans lorsque le propriétaire est une personne physique, et 6 ans lorsqu'il s'agit d'une personne morale.

Le propriétaire ne peut refuser le renouvellement du bail que dans des cas bien précis et notamment en cas de vente du logement ou de reprise pour ses propres besoins, ou ceux de son conjoint, son concubin, ses ascendants, descendants.

→ Avez-vous vérifié que le nom que vous souhaitez donner à votre entreprise ou à votre produit n'est pas déjà utilisé ?

Pas encore ? Il n'est pas trop tard : **rapprochez-vous de l'INPI** pour vous en assurer. Cette précaution pourra vous éviter pas mal de soucis par la suite.

p. 41 et 47

→ De même, si vous projetez de créer un site Internet, avez-vous pensé à **réserver un nom de domaine** auprès de l'Afnic, ou d'un autre prestataire ?

→ **Assurez votre entreprise**

Quelle que soit votre activité, vous avez intérêt à garantir la responsabilité civile de votre entreprise pour le cas où un accident ou sinistre arriverait. Évaluez minutieusement les différents risques liés à votre activité et prenez une assurance multirisque professionnelle. Épluchez soigneusement les contrats qui vous seront proposés par les assureurs :

- couvrent-ils l'activité de vos stagiaires, des personnes qui vous apportent une aide bénévole ?
- envers qui votre assurance jouera-t-elle : vos clients, les tiers, vos salariés actuels ou futurs, votre propriétaire ?

Enfin, n'oubliez pas de déclarer votre activité à votre assureur « auto » si vous utilisez votre véhicule pour les besoins de l'entreprise. Votre assurance « auto » prendra en charge les conséquences d'un accident de la circulation ainsi que les dommages dus aux opérations de chargement ou de déchargement.

> *Envisagez sérieusement une assurance « protection juridique », qui pourra intervenir en cas de conflit avec une administration, avec votre propriétaire pour un problème de bail, avec vos fournisseurs, avec vos clients... C'est une précaution peu onéreuse qui peut vous être très utile : il n'est en effet pas évident de se défendre lorsque l'on démarre une petite activité et que l'on n'a pas les moyens de s'offrir les services d'un avocat.*

→ Adhérez à une **caisse de retraite de salariés.**

En effet, même si vous ne projetez pas d'embaucher de salariés immédiatement, cette formalité est obligatoire. Les caisses ne manqueront d'ailleurs pas de se manifester rapidement : attendez-vous à recevoir un « abondant » courrier à ce sujet... Vous disposez de 3 mois pour choisir votre caisse. Passé ce délai, une caisse interprofessionnelle vous sera imposée. Vérifiez dans la convention collective dont vous relevez éventuellement si ce choix ne vous est pas imposé. Vous pourrez vous la procurer auprès du *Journal officiel.* Rassurez-vous : vous serez adhérent, mais n'aurez naturellement aucune cotisation à verser avant l'embauche d'un premier salarié.

→ Si vous êtes amené à demander **l'ouverture d'une ligne téléphonique** professionnelle, ce qui est tout à fait conseillé, rapprochez-vous d'un opérateur de télécommunication. Certains d'entre eux proposent des aides aux créateurs sous forme de réduction sur les frais d'accès ou de bons de réduction sur l'achat d'équipements simples. Sachez en profiter !

→ Enfin, n'oubliez pas de faire connaître votre entreprise à **La Poste.**

À faire si vous créez une SARL ou une EURL

Un certain nombre de démarches spécifiques doivent être effectuées.

→ Vous comptez réaliser des **apports en nature ?** L'intervention d'un commissaire aux apports sera peut-être nécessaire.
Vous pourrez vous procurer la liste de ces professionnels auprès du greffe du tribunal de commerce.

→ **Déposez** les fonds constituant **vos apports en espèces** sur un compte bloqué pendant le temps nécessaire à l'immatriculation de votre société :

- soit dans une banque ;

Rassurez-vous, les fonds ne sont pas bloqués indéfiniment ! Dès que vous serez en mesure de présenter un extrait Kbis, ils seront virés sur un compte bancaire ouvert au nom de votre société. Vous pourrez alors librement en disposer pour les besoins de la société.

- soit à la Caisse des dépôts et consignations ;
- soit chez un notaire.

→ **Rédigez vos statuts,** soit en vous adressant à un professionnel du droit (avocat ou notaire), soit en vous procurant des statuts types dans une librairie spécialisée ou sur certains sites Internet. Prenez le temps de les lire attentivement et surtout de comprendre tous les articles.

Vous ne souhaitez pas vous retrouver associé avec le conjoint, la mère ou le fils de votre associé ? Soyez vigilant dans la rédaction de vos statuts et prévoyez une clause d'agrément pour toute cession de part sociale, y compris au conjoint, ascendants ou descendants d'un associé ! Prévoyez également le décès d'un associé : il peut être prudent d'insérer une clause d'agrément des héritiers par les autres associés !

Soignez particulièrement les articles relatifs :

- à l'objet social : il délimite le champ d'intervention de votre société. Il doit donc être suffisamment large pour englober une extension d'activité, mais attention, il ne peut être flou !
- aux conditions d'agrément (acceptation) de nouveaux associés : la rédaction de cet article est très importante car susceptible d'être à l'origine de futurs conflits entre associés. En effet, les parts sociales d'une SARL peuvent en principe être cédées librement entre associés, ou entre conjoints, ascendants et descendants d'un associé. L'insertion de clauses contraires est néanmoins possible et recommandée ! Réfléchissez bien aux conséquences de l'application de cette clause.

→ **Désignez le ou les premiers gérants.** Ils peuvent être nommés soit dans les statuts, soit par un acte séparé. Cette dernière solution est préférable car elle évite d'avoir à modifier les statuts lors de chaque changement de gérant.

Fixez les conditions de leur rémunération, la durée de leurs fonctions et l'étendue de leurs pouvoirs.

→ **Établissez un état des actes accomplis au nom et pour le compte de votre société** en formation. En effet, tant qu'elle n'est pas immatriculée au RCS, votre société n'a pas de personnalité morale et ne peut donc prendre d'engagements. Toutes les dépenses que vous ferez pendant la période de formation de la société, ainsi que les engagements que vous prendrez devront donc être faits « au nom et pour le compte de la société en cours de formation » et relatés dans un acte annexé aux statuts. La signature par les associés des statuts vaudra alors reprise de ces actes par la société et vous permettra notamment de récupérer la TVA sur vos achats.

→ **Faites enregistrer vos statuts** auprès du centre des impôts, en quatre exemplaires. Cette formalité est désormais gratuite.

→ **Publiez un avis de constitution** dans un journal d'annonces légales. Cet avis doit indiquer : la dénomination, la forme, l'objet, le siège, la durée, le capital de la société, la nature des apports, les noms et adresses des gérants ainsi que le RCS auprès duquel la société sera immatriculée.

Un avis de constitution peut par exemple être formulé ainsi :
« Il est créé une SARL au capital de 10 000 €, constitué en numéraire, dénommée COIFFURE ET BEAUTÉ
Siège social : 32, avenue Victor-Hugo, 64000 PAU
Objet : Coiffure, soins du cheveux, esthétique
Durée : 99 ans à compter de l'immatriculation au registre du commerce et des sociétés de Pau
Gérant : M. Francis DELPORTE demeurant 32, avenue Victor-Hugo, 64000 PAU. »

Le coût de vos formalités

Il varie en fonction de la structure juridique utilisée et de l'activité exercée.

Vous créez une entreprise individuelle

→ Si votre activité est commerciale, le coût de votre demande d'immatriculation au RCS représentera environ 63 € (sauf option pour le régime de l'auto-entrepreneur).

→ Si votre activité est artisanale, le coût de votre demande d'inscription au répertoire des métiers correspondra à environ 130 € (sauf option pour le régime de l'auto-entrepreneur), auquel devra être ajouté le coût du stage obligatoire de gestion représentant environ 200 €. Vous pouvez néanmoins demander le remboursement de ces frais de stage par les fonds d'assurance formation professionnels des artisans, à condition :

Si l'activité de votre entreprise est à la fois commerciale et artisanale, vous devrez également être immatriculé au RCS et cumuler les coûts d'immatriculation.

- qu'ils n'aient pas déjà été pris en charge par un autre fonds de formation ;
- que l'immatriculation de l'entreprise intervienne dans les 6 mois suivant le stage.

→ Si votre activité est libérale, vous n'aurez aucun droit à payer au CFE.

→ Si vous êtes agent commercial, le coût de votre demande d'immatriculation au registre des agents commerciaux sera d'environ 30 €.

→ Si vous optez pour le régime de l'auto-entrepreneur, vous n'aurez en principe aucun droit à payer au CFE (sauf si vous lui demandez des prestations particulières).

Avertissement : ces coûts correspondent aux procédures obligatoires. Ils ne prennent pas en compte les frais d'assistance aux formalités proposés par les chambres consulaires, les frais éventuels de conseil, de dépôt de marque auprès de l'INPI, etc.

Vous créez une SARL ou une EURL

Les frais obligatoires correspondent :

- à la publication d'une annonce légale, dont le montant peut être estimé à environ 160 € ;
- à l'immatriculation de votre société au RCS, dont le coût est fixé à environ 85 €.

Vous créez une association

Vous n'aurez que les frais d'insertion au *Journal officiel* à payer, soit 40 €.

▷ Effectuez vos premiers pas

L'immatriculation de votre entreprise vous permet désormais de proposer vos produits ou d'offrir vos services en toute légalité. Vos premiers pas en tant qu'entrepreneur consisteront dans un premier temps à rechercher des clients, à moins que vous ayez la chance de démarrer avec un carnet de commandes déjà rempli, à effectuer vos premiers devis puis à rédiger vos premières factures. Et puis, peut-être serez-vous un jour amené à embaucher un salarié…

Vos premières actions commerciales

Ne vous attendez pas à recevoir un cours complet et exhaustif sur le sujet : un chapitre n'y suffirait évidemment pas ! Toutefois, vous trouverez, ci-dessous, quelques idées sur la façon de conduire vos premières actions commerciales qui pourront faciliter votre démarrage. Ces conseils seront sans doute suffisants si votre activité reste réduite sur un marché bien ciblé, mais si elle se développe significativement, vous aurez intérêt à approfondir sérieusement ce point et à faire appel à des professionnels.

Faites-vous connaître de vos clients

Partons du principe que vous avez bien identifié votre marché et votre clientèle, comme cela vous a été conseillé dans la deuxième partie de ce livre. Il ne s'agit pour le moment que d'une clientèle potentielle ! L'objet de votre plan d'action commerciale va consister à déterminer la meilleure façon de transformer une grande partie de cette clientèle potentielle en clientèle réelle ! Vous devrez, avant tout, vous faire connaître de cette clientèle potentielle, puis la convaincre de faire appel à vos services plutôt qu'à ceux de vos concurrents. Reprenez les informations que vous avez récoltées lors de votre « chasse aux infos », et imaginez plusieurs plans d'action.

Ces actions pourront être combinées avec une communication « événementielle ». Par exemple, à l'occasion de l'inauguration de votre boutique, de votre atelier ou de votre bureau, organisez un pot (à la façon d'un vernissage) auquel vous convierez le voisinage en déposant des tracts dans les boîtes aux lettres ou sur les véhicules stationnés dans la rue.

Communiquez largement

Plaçons-nous dans l'hypothèse où votre activité concerne un commerce ou un service de proximité. Réfléchissez à ce qui va guider vos clients vers vous : c'est précisément votre proximité. Vous allez donc adopter une stratégie de communication qui consistera à toucher le maximum de personnes de votre zone de chalandise (le secteur géographique où se situe votre clientèle potentielle) pour vous faire connaître.

À cette fin, vous utiliserez de façon préférentielle des supports publicitaires du type :

- « pages jaunes de l'annuaire », vers lesquelles les gens se tournent naturellement quand ils recherchent un prestataire local ;

→ journaux de petites annonces gratuites, qui sont largement distribués et lus au niveau local ; ils représentent un excellent support pour les activités de vente directe ou de vente d'occasion par exemple ;

→ affichettes dans les commerces avoisinants ou sur les pare-brise de voitures…

En résumé, vous chercherez à « ratisser large » en touchant le plus de personnes possible, de la façon la plus économique.

Communiquez de façon ciblée

À l'inverse du cas précédent, supposons que votre activité repose sur la pratique d'un art ou d'une compétence particulière acquise au cours de votre expérience professionnelle. Votre clientèle débordera vraisemblablement du cadre de votre environnement géographique immédiat : vos clients viendront de loin pour faire appel à vos services, quand ils vous connaîtront.

Toucher une clientèle étendue suppose de recourir à des moyens de communication qui se situent certainement hors de votre portée financière.

Il vaut donc mieux communiquer peu mais bien, de manière ciblée, en identifiant :

→ la presse (spécialisée ou non) que lit votre clientèle et en y insérant quelques annonces ;

→ les rassemblements, foires ou salons qui concernent votre activité. S'il ne vous est pas possible pour le moment d'y avoir un stand, n'hésitez pas à vous y rendre. Vous pourrez certainement y nouer quelques contacts utiles.

Votre activité consiste à organiser des stages de canyoning dans l'Isère ? Vos clients seront probablement plus souvent originaires de Paris ou Bruxelles que de Grenoble.

Un site sur le canyoning, bien référencé (voir le paragraphe consacré au site Internet), présentant les sorties que vous organisez vous amènera de manière naturelle cette clientèle éloignée.

C'est également dans ce cas de figure que vous aurez intérêt à disposer d'un site Internet. Supposons que vous pratiquiez la restauration de meubles anciens : un site présentera avantageusement à des clients potentiels votre travail ou votre méthode de travail avec photos à l'appui.

« Travaillez » les prescripteurs !

Quelle que soit votre activité, il est très probable qu'il existe, autour de vos clients potentiels, des prescripteurs.

Ce sont des gens qui, de par leur position ou leur métier, peuvent être amenés à recommander tel ou tel prestataire ou entreprise : commerçants, professions libérales, comités d'entreprise, associations de parents d'élèves, enseignants… Vous êtes censé les avoir identifiés lors de votre étude commerciale. Alors ne les négligez pas et « bichonnez-les ».

« Bichonnez vos prescripteurs ! » Vous devez absolument entretenir avec eux des relations suivies et de qualité.

Enfin, ne négligez pas la puissance du bouche-à-oreille : tout client est un prescripteur, et une réputation est plus facile à détruire qu'à construire ! C'est bien pour cela que « le client est roi ! »

Ayez un site Internet !

Nous avons évoqué ce sujet à plusieurs reprises : point n'est besoin d'être une start-up Internet pour disposer d'un site !

Un site très simple vous permettra de présenter à vos clients votre activité, vos plus belles réalisations et évidemment d'échanger avec eux par le biais du courrier électronique. Et puis, il vous donnera peut-être l'occasion de vous lancer, plus tard, dans l'e-business !

Pour disposer d'un site, trois étapes s'imposent : développer votre site, le faire héberger et surtout le faire vivre.

Le développement du site

Cette étape consiste, à l'aide d'un logiciel d'édition de pages Web, à créer, à partir d'une trame que vous aurez déterminée :

→ les différentes pages qui composeront votre site ;

→ les liens qui relieront ces pages entre elles.

De nombreuses sociétés peuvent vous proposer ce type de service.

Mais vous pouvez également le réaliser vous-même : il existe de nombreux logiciels d'édition HTML qui ne sont guère plus compliqués à utiliser qu'un logiciel de traitement de texte. Un ordinateur doté d'un modem, un scanner (pour numériser des images), un logiciel ainsi que les conseils d'un ami (ou un bon bouquin et quelques heures de lecture)... et vous serez capable de réaliser facilement un site attrayant.

Un conseil : ne cherchez pas à construire un site sophistiqué, avec des effets graphiques ou sonores perfectionnés. La mode est plutôt à la sobriété et à l'efficacité, faites donc simple et clair !

En premier lieu, vous définirez l'architecture du site : le nombre de pages, leur contenu, les liens de l'une à l'autre. Cette préparation est déterminante pour le succès du site : ayez toujours à l'esprit que l'internaute qui surfera sur votre site devra trouver rapidement ce qui l'intéresse. Évitez donc de l'entraîner dans des pages trop sophistiquées qui risqueront fortement de le décourager !

L'hébergement du site

Un site est une suite de fichiers numériques stockés sur un ordinateur et connectés en permanence à Internet. Évidemment, à moins d'être particulièrement riche, il est hors de question pour vous d'installer un site sur votre propre ordinateur, et de connecter ce dernier en permanence à Internet ! La solution consiste donc à le faire héberger chez un prestataire.

Si le site est simple et si vos ambitions sur Internet sont limitées, vous pourrez le faire héberger quasiment gratuitement, ou pour quelques dizaines d'euros par mois, chez un fournisseur d'accès courant. En effet, la plupart d'entre eux proposent à leurs clients un espace pour leurs « pages personnelles » largement suffisant pour y loger un site simple.

L'adresse du site sera alors du type *http://perso.supernet.fr/mon-entreprise,* et votre adresse e-mail du type mon-entreprise@supernet.fr.

Si vous souhaitez avoir votre propre nom de domaine — du type *www.mon-entreprise.fr* et info@mon-entreprise.fr — sachez qu'il vous est possible d'acquérir ce nom de domaine séparément et de le faire pointer sur votre site « page perso ».

En revanche, si votre site est amené à prendre de l'importance, parce qu'il représente l'un de vos principaux vecteurs d'action commerciale, vous aurez probablement intérêt à vous orienter vers une prestation plus complète et plus professionnelle, en louant un hébergement facturé au volume de données stockées ou consultées. Vous disposerez ainsi de garanties de disponibilité, de fiabilité et d'évolutivité.

En cas d'hébergement de votre site chez un fournisseur d'accès Internet, prenez la précaution d'en choisir un qui n'inflige pas aux visiteurs de ses pages des bandeaux publicitaires souvent pénibles et susceptibles de ralentir la connexion.

N'hésitez pas à créer sur votre site une animation qui permettra à l'internaute, arrivé par hasard en surfant, de le remarquer et d'y retourner. Par exemple : un éditorial à forte valeur ajoutée sur votre spécialité, un forum de discussion, une liste de diffusion à laquelle les visiteurs de votre site pourront s'abonner et recevoir par e-mail des informations sur les nouveautés que vous proposez.

Faire vivre son site

L'objectif est tout simplement de faire en sorte que vos clients visitent facilement et régulièrement votre site et qu'ils y trouvent l'information attendue.

Pour cela, il vous faudra être bien « référencé » par les principaux moteurs de recherche. Vous pouvez le faire vous-même, en vous inscrivant, par e-mail, auprès de chacun des moteurs de recherche, ou bien en recourant à un prestataire qui assurera pour vous ce référencement.

Dans un cas comme dans l'autre, vérifiez que votre site comprend bien le descriptif ainsi que les mots clés pertinents qui seront utilisés par les moteurs de recherche.

Enfin, le plus important consistera à montrer que votre site vit : qu'il est à jour et que l'on n'y trouve pas d'informations obsolètes. Efforcez-vous de faire figurer des informations nouvelles au moins une fois par mois, et de refondre votre site (son apparence et son graphisme) une fois par an. Les mises en ligne de ces évolutions pourront être effectuées par le prestataire qui a créé votre site, ou par vous-même, par téléchargement avec un modem.

Votre premier devis, votre première facture

Un impératif : votre devis doit être « pro ». C'est à partir de ce document que vos clients se forgeront une opinion sur votre entreprise et qu'ils prendront leur décision.

Préparez la rédaction de vos devis

On sous-estime souvent l'importance de la rédaction et de la présentation des devis. Et pourtant ils reflètent l'image et le professionnalisme de l'entreprise.

Alors surtout évitez les fautes d'orthographe et les ratures, préférez le traitement de texte à la rédaction manuscrite, utilisez un langage simple, compréhensible par vos clients... Il n'y a rien de plus pénible pour un néophyte que de ne pas comprendre un devis trop technique !

Votre devis doit indiquer les mêmes mentions qu'une facture ainsi que :

- *« devis reçu avant exécution de travaux » ;*
- *la date de début et la durée des travaux ;*
- *sa période de validité ;*
- *les conditions éventuelles de révision du prix ;*
- *son caractère gratuit ou payant ;*
- *la date et la mention manuscrite « Bon pour accord » du client ;*
- *la signature de chaque partie.*

Si vous êtes prestataire de services (travaux, dépannages, réparations...), sachez que l'établissement d'un devis est obligatoire pour toute prestation supérieure à 150 € HT.

→ Surtout, **soyez rapide :** lorsqu'un client s'adressera à vous, n'attendez pas une semaine pour lui envoyer votre devis. Vos concurrents seront peut-être plus rapides...
La rédaction et l'envoi du devis doivent être immédiats, de façon à renforcer l'image de sérieux et de professionnalisme que vous souhaitez donner.

→ N'oubliez pas que votre devis constitue un document juridique opposable en cas de conflit. Il est donc essentiel que vous **soyez le plus précis possible** dans vos informations : évitez l'emploi des termes sujets à interprétation ; assurez-vous que vos clients comprendront les détails techniques et l'étendue de la prestation proposée ; précisez clairement vos tarifs, le planning de réalisation et les conditions de règlement. Le cas échéant, joignez une documentation à votre devis.

→ Le devis constitue une offre de prestation de services qui vous engage : il est prudent que vous déterminiez un **délai d'option.**

→ Mais votre devis doit également être « **vendeur** » **:** soignez sa présentation en utilisant votre papier à en-tête et votre logo ; n'oubliez pas de remercier votre client de son appel, de son accueil, de sa visite… ; reformulez sa demande et précisez, point par point, la solution que vous préconisez en insistant sur ses avantages.

Apprenez à rédiger une facture

L'établissement d'une facture est obligatoire entre professionnels pour tout achat de produit et toute prestation de services. Concernant les particuliers, une note est exigée pour les prestations de services dont le prix est supérieur ou égal à 15 € TTC ou lorsque le client la demande.

Attention : ne pas émettre de facture vous expose à de lourdes sanctions pénales, les amendes peuvent aller de 762 à 15 245 € ! Difficile à digérer en début d'activité…

La facture permet de formaliser les conditions d'une vente ; elle sert de support aux enregistrements d'écritures comptables et constitue un élément de preuve en cas de conflit.

C'est pourquoi un certain formalisme est exigé ; elle doit être rédigée :

- en français ;
- en double exemplaire minimum : un pour vous et un pour votre client ;
- sur papier libre à en-tête ou sur des documents préimprimés.

Elle doit également comporter un certain nombre de mentions :

- le numéro de la facture et sa date d'émission ;
- des mentions vous concernant :
  - votre nom ou, si vous exercez en société, sa dénomination sociale, suivie des initiales de la structure juridique utilisée (SARL par exemple) et du montant du capital social,

- votre numéro d'identification unique, c'est-à-dire votre numéro Siren ; si vous êtes inscrit au registre du commerce et des sociétés, ce numéro est complété par la mention RCS suivie de la ville où se situe le greffe dans lequel votre entreprise est immatriculée,
- votre adresse ;

→ des mentions relatives à votre client : son nom (ou sa dénomination sociale) et son adresse ;

→ des mentions relatives à l'opération :

- la date de la vente ou de la prestation de services,
- la désignation précise des produits ou services et leur quantité,
- le prix unitaire HT,
- les éventuels rabais, remises ou ristournes,
- les conditions d'escompte en cas de paiement anticipé,
- le taux des pénalités exigibles le jour suivant la date de règlement mentionnée sur la facture,
- le total HT,
- le taux de la TVA et le prix de vente TTC,
- en cas de franchise de TVA faire figurer la mention « TVA non applicable conformément à l'article 293 B du CGI »,
- la date à laquelle doit intervenir le règlement,

Vous êtes tenu de conserver vos factures pendant 6 ans. Ce délai est porté à 10 ans si vous êtes commerçant ou si vous exercez en société.

Pour les factures remises aux particuliers, le formalisme est moins lourd. Elles doivent, au minimum, mentionner :

- *sa date de rédaction ;*
- *vos nom et adresse ;*
- *le nom du client, sauf opposition de sa part ;*
- *la date et le lieu d'exécution de la prestation ;*
- *le décompte détaillé, en quantité et en prix, de chaque produit ou prestation ;*
- *la somme totale à payer HT ou TTC.*

Exemple de facture à un particulier (régime fiscal du réel)

Monsieur Jean LEMAIRE
31, rue de la Paix – 02000 LAON
Siren : 321 654 987
(+, s'il y a lieu, n° RCS ou RM)

Monsieur Paul BERTRAND
5, avenue de la République
02000 LAON

Laon, le 26 février 2008

Facture n° 00-32

Désignation	Quantité	Prix unitaire HT	Totaux
Pose d'une moquette en laine fournie par le client, à son domicile	30 m^2	10 €	300 €
Remise 10 %			30 €
TOTAL HT			270 €
TVA 5,5 %			14,85 €
À PAYER (en euros)			284,85 €

Paiement comptant à réception de facture (ou date de règlement : ...)

Date d'exécution de la vente ou de la prestation :

Taux des pénalités exigibles à compter du 10 mars 2008 en l'absence de paiement : 4,43 %

Adhérent d'un centre de gestion agréé, le règlement par chèque est accepté.

Exemple de facture à un particulier (régime fiscal de la micro-entreprise)

Monsieur Jean LEMAIRE
31, rue de la Paix – 02000 LAON
Siren : 321 654 987
(+, s'il y a lieu, n° RCS ou RM)*

Monsieur Paul BERTRAND
5, avenue de la République
02000 LAON

Laon, le 26 février 2008

Facture n° 00-32

Désignation	Quantité	Prix unitaire HT	Totaux
Pose d'une moquette en laine fournie par le client, à son domicile	30 m^2	10 €	300 €
Remise 10 %			30 €
À payer			270 €

TVA non applicable : article 293 B du CGI

Date d'exécution de la vente ou de la prestation :

Paiement comptant à réception de facture (ou date de règlement : ...)

Taux des pénalités exigibles à compter du 10 mars 2008 : 4,43 %

(*) En cas d'option pour le régime de l'auto-entrepreneur, indiquer : « Dispensé d'immatriculation au registre du commerce et des sociétés (RCS) et au répertoire des métiers (RM) ».

- le cas échéant (en cas d'exportation en Europe) : votre numéro intracommunautaire de TVA et celui de votre client,

→ si vous êtes adhérent d'un CGA ou d'une AGA, vous devez indiquer : « membre d'un centre de gestion agréé (ou d'une association de gestion agréée), le règlement par chèque est accepté ».

Votre première embauche

Si vous démarrez votre activité avec un salarié, la plupart des démarches administratives seront prises en charge par le Centre de formalités des entreprises.

Il existe un certain nombre de dispositifs d'aide à l'embauche. Alors pourquoi ne pas en profiter ? Rapprochez-vous de votre agence ANPE qui vous renseignera utilement, ou contactez le service téléphonique de renseignements du ministère de l'Emploi : « Travail Info Service » 0821 347 347 (0,12 €/mn) de 9 h à 18 h.

Cependant, si vous décidez par la suite de passer au statut d'employeur, vous vous adresserez à l'Urssaf qui remplira le rôle de guichet unique. En effet, les formalités liées à l'embauche ont été considérablement simplifiées grâce à la DUE — la déclaration unique d'embauche — qui se substitue aux différentes démarches que les employeurs devaient auparavant effectuer eux-mêmes.

Vos obligations

→ **Adressez une déclaration unique d'embauche (DUE) à l'Urssaf,** qui se chargera de retransmettre à son tour les informations à chaque organisme concerné.

Cette déclaration peut être accomplie :

- soit par courrier en retournant un formulaire au « service déclaration d'embauche » de l'Urssaf ;
- soit par télécopie ;

- soit par Internet : *www.due.fr* ou encore *www.net-entreprises.fr.*

→ **Contactez la caisse de retraite complémentaire Arrco** (personnel cadre et non-cadre) à laquelle votre entreprise est affiliée.

p. 200

L'affiliation de votre entreprise à cette caisse a normalement été faite dans les trois mois de sa constitution.

Il s'agit :

- soit d'une caisse imposée par votre convention collective ;
- soit de la caisse désignée dans votre département.

Pour obtenir les coordonnées de l'inspecteur du travail, consultez l'annuaire télématique, rubrique « inspection du travail » ou contactez la Direction départementale du travail, de l'emploi et de la formation professionnelle (DDTEFP).

→ **Informez l'inspection du travail :** une déclaration doit être réalisée à l'occasion de la première embauche par lettre recommandée avec accusé de réception adressée à l'inspecteur du travail.

→ **Établissez un contrat de travail** ou une lettre d'embauche.

Toute embauche doit être accompagnée, dans les 2 mois, d'un écrit comportant un certain nombre de mentions. S'il s'agit d'un contrat à durée indéterminée (CDI), cette obligation est en principe considérée comme respectée par la remise au salarié du talon-récépissé, reçu à l'occasion de la DUE ou d'un premier bulletin de paye. Mais il est naturellement préférable de lui établir une lettre d'embauche ou un contrat de travail.

Le recours à un CDD n'est possible que dans certaines situations : principalement en cas d'accroissement temporaire d'activité de l'entreprise, de recours à des emplois saisonniers, pour remplacer un salarié absent… ou s'il s'agit d'un contrat conclu dans le cadre de mesures pour l'emploi ou la formation professionnelle.

S'il s'agit d'un contrat à durée déterminée (CDD), la rédaction d'un contrat est obligatoire.

→ **Ouvrez un registre unique du personnel** (papier ou informatique). Vous y inscrirez, lors de chaque embauche :

- les nom, prénom, nationalité, date de naissance et sexe de chaque salarié ;
- son emploi, sa qualification, la date de son arrivée ;
- pour les travailleurs étrangers : le type et le numéro d'ordre du titre valant autorisation de travail ;
- la mention éventuelle « d'apprenti », de « contrat d'insertion professionnelle », de « contrat de qualification », « contrat à durée déterminée », « travailleur à temps partiel », « travailleur temporaire » avec le nom et l'adresse de l'entreprise d'intérim, etc. ;
- la date de sortie de l'établissement.

Devenir employeur ne s'improvise pas ! Vous aurez des obligations nouvelles et devrez maîtriser quelques règles du droit du travail. Procurez-vous votre convention collective, un ouvrage de vulgarisation sur le droit du travail et, si possible, formez-vous en suivant un stage. Enfin, en cas de problème, n'hésitez pas à utiliser les services de « Travail Info Service » au 0821 347 347 (0,12 €/mn) de 9 h à 18 h.

Nouveau et pratique : vous pouvez désormais effectuer la plupart des déclarations sociales à partir d'un site-portail officiel : www.net-entreprises.fr.

Une fois votre salarié embauché, vous devez comme tout employeur :

→ **tenir un livre de paie** ou garder un double des bulletins de paie pendant 5 ans ;

→ **tenir un registre** sur lequel figureront les observations et mises en demeure des agents de l'inspection du travail ;

→ **afficher certaines informations :** adresse, nom et téléphone de l'inspecteur du travail, adresse et numéro de téléphone du médecin du travail et des services de secours d'urgence, avis de l'existence d'une convention collective, règlement intérieur s'il en existe un, horaires de travail et durée du repos.

▷ Un dernier conseil : ne vous isolez pas, rencontrez des professionnels

Vous disposez désormais des principales informations qui vous permettront de réaliser un rêve : **créer votre petite entreprise !**

En tant que porteur de projet et futur dirigeant d'entreprise, il est maintenant indispensable que vous identifiiez les principaux organismes et réseaux qui pourront vous apporter des informations complémentaires, vous accompagner dans votre projet et vous aider à développer votre entreprise. Car s'il y a un dernier conseil à vous donner, c'est surtout **de ne pas rester isolé !**

L'APCE (Agence pour la création d'entreprises)

Son rôle est avant tout de promouvoir la création d'entreprises, de vous guider dans votre démarche et de vous orienter vers les professionnels susceptibles de répondre à vos attentes.

p. 231

Alors connectez-vous sur son site Internet, devenu incontournable pour un créateur d'entreprise. Vous y trouverez de nombreuses informations, des liens avec les autres sites dédiés à la création d'entreprises et, dans la rubrique « Qui peut vous aider ? », un carnet d'adresses des organismes d'appui à la création d'entreprises.

Le réseau « Entreprendre en France »

p. 233

Il rassemble de nombreux partenaires - dont les chambres de commerce et d'industrie et les chambres de métiers - autour d'une action commune : l'information et l'accompagnement des porteurs de projets de création d'entreprises.

Vous trouverez localement, dans vos chambres consulaires, des « Espace entreprendre » que vous ne devez pas hésiter à solliciter : ils sont là pour ça !

Le réseau des boutiques de gestion (BG)

p. 236

La vocation des BG est d'accueillir, conseiller et guider les porteurs de projets, les créateurs d'entreprises comme les dirigeants confirmés. Elles assurent un premier entretien individualisé gratuit, mais facturent leurs autres prestations. Il ne faut cependant pas que ce point vous arrête, car leurs prestations peuvent généralement être financées par des dispositifs nationaux ou locaux. N'hésitez pas à aborder ce sujet avec elles.

Les délégations Adie (Association pour le droit à l'initiative économique)

p. 231

Si vous êtes chômeur de longue durée, allocataire du RMI ou exclu des circuits financiers classiques, vous trouverez auprès de l'Adie, un accueil, une écoute, un accompagnement et un soutien financier.

EGEE (Entente des générations pour l'emploi et l'entreprise)

Ce réseau est composé de cadres retraités bénévoles qui se mettent à votre disposition pour vous aider dans le montage de votre projet. Ils pourront vous faire profiter de leur expérience professionnelle.

p. 233

Et beaucoup d'autres encore : pépinières, couveuses, points d'accueil des créateurs, Défi Jeunes, Racines, CNIDFF, etc., dont vous trouverez les coordonnées sur le site Internet de l'APCE.

Votre dossier est bouclé ? Il ne vous reste plus qu'à *créer*, puis à produire, vendre, facturer, *gérer*, animer, négocier...

Avez-vous identifié votre centre de formalités des entreprises ?

Avez-vous ouvert un compte bancaire professionnel ?

Avez-vous contracté une assurance adaptée à votre activité ?

Avez-vous trouvé un nom original pour identifier votre entreprise, votre produit ou votre service ? Avez-vous pensé à le protéger ?

Connaissez-vous les méthodes de prospection commerciale les mieux adaptées à vos activités ?

Savez-vous rédiger un argumentaire ? une plaquette ? un catalogue ou dépliant publicitaire ?

Avez-vous l'intention de disposer d'un site Internet ?

Savez-vous établir un devis, une facture ?

Annexes

Annexe 1 : Récapitulatif des principales structures qui s'offrent à vous

	Entreprise individuelle	SARL	EURL	Association
Pouvez-vous y recourir si vous êtes seul ?	Oui, il s'agit de la forme la plus naturelle pour exercer seul une activité indépendante	Non, il faut être au minimum deux. Vous devrez donc trouver au moins un associé	Oui, il s'agit d'une SARL à un seul associé	Non, il faut être au minimum deux. Vous devrez donc trouver au moins un autre membre
Peut-on l'utiliser pour tout type d'activité ?	Oui, sans restrictions	Oui, à l'exception d'un nombre restreint d'activités (exploitation d'un débit de tabac, par exemple)	Oui, à l'exception d'un nombre restreint d'activités (exploitation d'un débit de tabac, par exemple)	En principe oui, à condition que la réalisation d'un profit ne soit pas votre but principal
Y a-t-il un minimum d'apports financiers à faire ?	Non	Non (libération possible des apports en espèces sur 5 ans)	Non (libération possible des apports en espèces sur 5 ans)	Non
Comment l'entreprise est-elle dirigée ?	Par l'entrepreneur lui-même	Par un ou plusieurs gérants associés ou non	Par vous « associé-gérant » ou par un gérant non associé que vous désignerez	Les organes de direction sont définis par les statuts. En général, on désigne un bureau composé d'un président, d'un trésorier et d'un secrétaire
Serez-vous obligatoirement le dirigeant de votre entreprise ?	Oui	Non	Non, mais la désignation d'un gérant salarié est rare en pratique	Non (et c'est préférable si vous voulez être salarié)

	Entreprise individuelle	SARL	EURL	Association
Quelle est votre responsabilité ?	- Totale et indéfinie Vous engagez non seulement les biens affectés à votre entreprise, mais également les vôtres ainsi que ceux de la communauté si vous êtes marié sous le régime légal - Vous pouvez néanmoins protéger vos biens fonciers en effectuant devant notaire une déclaration d'insaisissabilité	- En votre qualité de simple associé, votre responsabilité est limitée au montant de vos apports dans le capital - Si vous êtes gérant, vous serez personnellement responsable de vos fautes de gestion, si celles-ci sont à l'origine de difficultés de l'entreprise	- En votre qualité de simple associé, votre responsabilité est limitée au montant de vos apports dans le capital - Si vous êtes gérant, vous serez personnellement responsable de vos fautes de gestion, si elles sont à l'origine de difficultés de l'entreprise	Si vous êtes dirigeant de l'association, vous engagez votre responsabilité en cas de fautes de gestion
Quel est le régime fiscal de votre entreprise ?	Impôt sur le revenu (IR) dans la catégorie : - des BIC pour les activités commerciales et artisanales - des BNC pour les activités libérales	- Impôt sur les sociétés (IS) - Possibilité d'opter pour l'impôt sur les sociétés	- Impôt sur le revenu - Possibilité d'opter pour l'impôt sur les sociétés	- En cas d'activité considérée comme lucrative : impôt sur les sociétés au taux normal - En cas d'activité non lucrative : exonération d'impôts et IS à taux réduit sur les revenus du patrimoine

	Entreprise individuelle	SARL	EURL	Association
Comment votre bénéfice est-il déterminé ?	- Soit de manière forfaitaire par l'administration fiscale : régime de la micro-entreprise - Soit par vous en tenant une comptabilité : régime du bénéfice réel	Obligatoirement par vous, en tenant une comptabilité : régime du bénéfice réel	Obligatoirement par vous, en tenant une comptabilité : régime du bénéfice réel	Obligatoirement par vous, en tenant une comptabilité : régime du bénéfice réel
Quel est votre régime social ?	Vous serez rattaché au régime des travailleurs non-salariés (TNS)	Si vous êtes : - gérant minoritaire ou égalitaire : vous serez assimilé à un salarié - gérant majoritaire : vous serez rattaché au régime des TNS - associé non gérant : vous pourrez avoir un contrat de travail si vous exercez des fonctions techniques	Vous serez rattaché au régime des travailleurs non-salariés (TNS)	- Régime général des salariés
Pourrez-vous opter pour le régime « micro-social » ? (auto-entrepreneur)	Oui, si votre CA prévisionnel se situe dans les seuils du régime fiscal de la micro-entreprise (moins de 80 000 ou 32 000 € en fonction de votre activité)	Non	Non	Non

	Entreprise individuelle	SARL	EURL	Association
Pourrez-vous opter pour le prélèvement fiscal libératoire ? (auto-entrepreneur)	Oui, si vous avez opté pour le régime « micro-social »	Non	Non	Non
Quels sont les principaux avantages de cette structure ?	- Pas de mise de fonds minimale obligatoire - Simplicité de constitution - Simplicité de fonctionnement - Possibilité d'opter pour le régime de l'auto-entrepreneur	- Responsabilité limitée des associés - Crédibilité vis-à-vis des partenaires - Structure évolutive	- Responsabilité limitée - Possibilité de choisir son régime fiscal - Structure évolutive	- Simplicité de fonctionnement - Possibilité de recevoir des subventions - Régime fiscal avantageux en cas d'activité considérée comme « non lucrative »
Quels sont ses principaux inconvénients ?	- Responsabilité indéfinie - Vos cotisations sociales seront calculées sur le bénéfice imposable et non sur la rémunération que vous percevez réellement - Impossibilité d'opter pour l'IS	Formalisme de constitution et de fonctionnement	- Formalisme de constitution et de fonctionnement - Impossibilité d'opter pour le régime fiscal de la micro-entreprise	- Impossibilité de répartir les bénéfices entre les membres - Impossibilité de se transformer en société

	ENTREPRISE INDIVIDUELLE	SARL	EURL	ASSOCIATION
Dans quels cas doit-elle être envisagée sérieusement ?	- Si vous entreprenez une petite activité « non risquée par nature » - Si vous n'avez pas un patrimoine important à protéger - Si vous voulez bénéficier du régime fiscal de la micro-entreprise ou de celui de l'auto-entrepreneur	- Si vous êtes plusieurs (évidemment !) - Si vous avez un patrimoine à protéger - Si une telle structure peut vous aider à approcher certains marchés	- Si vous avez un patrimoine à protéger - Si une telle structure peut vous aider à approcher certains marchés - Si vous pensez obtenir très rapidement une rémunération importante	Si vous entreprenez une activité dans le domaine social, culturel ou sportif

Annexe 2 : Coordonnées des organismes cités

→ **Adie** - Association pour le droit à l'initiative économique

4, boulevard Poissonière, 75009 Paris
Tél. : 01 56 03 59 00 ou 0800 800 566
www.adie.org

→ **Agefiph** - Fonds pour l'insertion professionnelle des personnes handicapées

192, avenue Aristide-Briand, 92226 Bagneux cedex
Tél. : 01 46 11 00 11 - Fax : 01 46 11 00 71
www.agefiph.fr

→ **Agessa** - Association pour la gestion de la sécurité sociale des auteurs

21 bis, rue de Bruxelles, 75009 Paris
Tél. : 01 48 78 25 00 - Fax : 01 48 78 60 00
www.agessa.org

→ **AIRCGA** - Association interrégionale de centres de gestion agréés

45 avenue Carnot, 25000 Besançon
Tél. : 03 81 61 57 51
www.infotpe.com

→ **APCE** - Agence pour la création d'entreprises

14, rue Delambre, 75014 Paris
Tél. : 01 42 18 58 58 - Fax : 01 42 18 58 00
www.apce.com

→ **APP** - Agence pour la protection des programmes

249, rue de Crimée, 75019 Paris
Tél. : 01 40 35 03 03 - Fax : 01 40 38 96 43
http://app.legalis.net

→ **Appi** - Association pour la protection des patrons indépendants

25, boulevard de Courcelles, 75008 Paris
Tél. : 01 45 63 92 02 - Fax : 01 45 61 02 43
www.appi-asso.fr

→ **Associations Love Money pour l'emploi**
(Fédération des)

10, rue Montyon, 75009 Paris
Tél. : 01 48 00 03 35 - Fax : 01 48 24 10 89
www.love-money.org

→ **BCT** - Bureau central de tarification

1, rue Jules-Lefebvre, 75009 Paris
Tél. : 01 53 21 50 40 - Fax : 01 53 21 50 47

→ **BIPE** - Bureau d'information et de prévisions économiques

Le Vivaldi
11-13, rue René-Jacques,
F92138 Issy-les-Moulineaux cedex
Tél. : 01 70 37 23 23 - Fax : 01 70 37 23 00
www.bipe.fr

→ **CDIA** - Centre de documentation et d'information de l'assurance

FFSA - Fédération française
des Sociétés d'assurances
26, boulevard Hausmann,
75311 Paris cedex 09
Tél. : 01 42 47 90 00
www.cdia.fr

→ **Centre Inffo**

4, avenue du Stade-de-France,
93218 la Plaine-Saint-Denis
Tél. : 01 55 93 91 91 - Fax : 01 55 93 17 25
www.centre-inffo.fr

→ **CIDJ** - Centre d'information et de documentation jeunesse

101, quai Branly, 75740 Paris cedex 15
Tél. : 01 44 49 12 00
www.cidj.com

→ **Cigales** (Fédération des Cigales)

61, rue Victor-Hugo, 93500 Pantin
Tél. : 01 49 91 90 91
www.cigales.asso.fr

→ **Cira** - Centre interministériel de renseignements administratifs

Allô Service Public : 39 39
Numéro unique : 39 39 (0,12 €/minute)
Du lundi au vendredi de 8 h 30 à 18 h 30
et le samedi de 8 h 30 à 12 h 30

→ **CNAVPL** - Caisse nationale d'assurance vieillesse des professions libérales

102, rue Miromesnil, 75008 Paris
Tél. : 01 44 95 01 50 - Fax : 01 45 61 91 37
www.cnavpl.fr

→ **CNJE** - Confédération nationale des junior-entreprises

6, rue des Immeubles-Industriels, 75011 Paris
Tél. : 01 43 70 26 56 - Fax : 01 43 70 23 13
www.junior-entreprises.com

→ **Credoc** - Centre de recherche pour l'étude et l'observation des conditions de vie

142, rue du Chevaleret, 75013 Paris
Tél. : 01 40 77 85 00 - Fax : 01 40 77 85 09
www.credoc.fr

→ **EGEE** - Entente des générations pour l'emploi et l'entreprise

15, avenue de Ségur, 75007 Paris
Tél. : 01 47 05 57 71 - Fax : 01 47 05 67 16
www.egee.asso.fr

→ **Elan** (pépinières d'entreprises)
Président : Philippe Marcq

Tél. : 04 91 28 38 00 - Fax : 04 91 28 38 28
www.pepinieres-elan.org

→ **Entreprendre en France** (réseau d'accueil)

45, avenue d'Iéna, 75016 Paris
Tél. : 01 40 69 38 37 - Fax : 01 40 69 39 60
www.entreprendre-en-france.fr

→ **FinanCités**

13, rue Dieumegard, 93400 Saint-Ouen
Tél. : 01 49 21 26 29 - Fax : 01 49 21 26 27
www.financites.fr

→ **France active**

37, rue Bergère, 75009 Paris
Tél. : 01 53 24 26 26 - Fax : 01 53 24 26 63
www.franceactive.org

→ **France initiative**

55, rue des Francs-Bourgeois,
75181 Paris cedex 04
Tél. : 01 40 64 10 20 - Fax : 01 43 20 58 34
www.france-initiative.fr

→ **FCGA** - Fédération des centres de gestion agréés

2, rue Meissonier, 75017 Paris
Tél. : 01 42 67 80 62 - Fax : 01 43 80 78 04
www.fcga.fr

→ **FFCGEA** - Fédération française des centres de gestion et d'économie de l'artisanat

46, rue Ampère, 75017 Paris
Tél. : 01 47 64 00 22 - Fax : 01 44 15 95 10
www.ffcgea.fr

→ **Garrigue**

61, rue Victor-Hugo, 93500 Pantin
Tél. : 01 48 44 74 03
www.garrigue.net

→ **GSC** - Garantie sociale des chefs d'entreprise

42, avenue de la Grande-Armée, 75017 Paris
Tél. : 01 45 72 63 10 - Fax : 01 45 74 25 38
www.gsc.asso.fr

→ **INC** - Institut national de la consommation

80, rue Lecourbe, 75732 Paris cedex 15
Tél. : 0 892 707 592 (0,34 € TTC/minute)
www.conso.net

→ **INPI** - Institut national de la propriété industrielle

26 bis, rue de Saint-Petersbourg, 75008 Paris
Tél. 0820 213 213 - Fax : 01 42 93 59 30
www.inpi.fr

→ **Insee** - Institut national de la statistique et des études économiques

18, boulevard Adolphe-Pinard,
75675 Paris cedex 14
Tél. : 0825 889 452 (0,15 €/minute)
du lundi au vendredi de 9 h à 17 h
www.insee.fr

→ **Journal officiel**

26, rue Desaix, 75727 Paris cedex 15
Tél. : 01 40 58 75 00 (standard)
Tél. : 01 40 58 79 79 (renseignements documentaires et multimédia)
www.journal-officiel.gouv.fr

→ **Kompass**

66, quai du Maréchal-Joffre, 92400 Courbevoie
Tél. : 01 41 16 51 00 - Fax : 01 41 16 51 18
www.kompass.fr

→ **Maison des artistes**

90, avenue de Flandre, 75943 Paris cedex 19
Tél. : 01 53 35 83 63 - Fax : 01 44 89 92 77
www.lamaisondesartistes.fr

→ **Medef**

55, avenue Bosquet, 75007 Paris
Tél. : 01 53 59 19 19 - Fax : 01 45 51 20 44
www.medef.fr

→ **Nef** (Société financière)

114, boulevard du 11-Novembre-1918,
69626 Villeurbanne cedex
Tél. : 0811 901 190 - Fax : 04 72 69 08 79
www.lanef.com

→ **Ordre des experts-comptables** (Conseil supérieur)

153, rue de Courcelles, 75817 Paris cedex 17
Tél. : 01 44 15 60 00 - Fax : 01 44 15 90 05
www.experts-comptables.fr

→ **Oséo**

27-31, avenue du Général Leclerc,
94710 Maisons-Alfort cedex
Tél. : 01 41 79 91 00 - Fax : 01 41 79 95 95
www.oseo.fr

→ **Réseau des boutiques de gestion (BG)**

14, rue Delambre, 75014 Paris
Tél. : 01 43 20 54 87 - Fax : 01 43 20 28 49
www.boutiques-de-gestion.com

→ **RSI** - Régime social des indépendants

Caisse nationale : 264, avenue du Président Wilson,
93457 La Plaine-Saint-Denis cedex
Tél. : 01 77 93 00 00
www.le-rsi.fr

→ **SNCAED** - Syndicat national des centres d'affaires et de domiciliation

C/o ACCES, 8, rue Lemercier, 75017 Paris
Tél. : 01 58 22 24 26 - Fax : 01 58 22 24 25
www.sncaed.asso.fr

→ **SNEPS** - Syndicat national des entreprises de portage salarial

4, avenue du Recteur Poincaré,
75782 Paris cedex 16
Tél. : 04 78 14 04 41
www.portagesalarial.com

→ **SGDL** - Société des gens de lettres

Hôtel de Massa
38, rue du Faubourg Saint-Jacques, 75014 Paris
Tél. : 01 53 10 12 00
www.sgdl.org

→ **Unasa** - Union nationale des associations agréées

36, rue de Picpus, 75012 Paris
Tél. : 01 43 42 38 09 - Fax : 01 43 42 56 14
www.unasa.org

Annexe 3 : Réponses aux 40 questions les plus fréquemment posées par les créateurs de micro-entreprises

1. Quelle est la différence entre une « profession libérale », un « free-lance », un « solo », un « indépendant », une « micro-entreprise », un « auto-entrepreneur » ?
2. Je vais créer une entreprise individuelle sous le régime fiscal de la micro-entreprise. Quel est le chiffre d'affaires à ne pas dépasser l'année de création ?
3. Quels sont les avantages liés au régime de la micro-entreprise ?
4. Sur quelle assiette seront calculées mes cotisations sociales ?
5. Que se passe-t-il en cas de dépassement des seuils de 80 000 ou 32 000 € ?
6. À quel moment puis-je opter pour un autre régime fiscal ?
7. Si j'opte pour un autre régime, pourrai-je continuer à bénéficier de la franchise en base de TVA ?
8. Si j'opte plus tard pour le paiement de la TVA, que se passera-t-il ?
9. Le formulaire d'immatriculation d'une entreprise mentionne en matière de TVA le régime « mini-réel ». De quoi s'agit-il ?
10. Puis-je prétendre à l'Accre si je suis soumis au régime fiscal de la micro-entreprise ?
11. On me refuse l'ouverture d'un compte professionnel. Quels sont mes droits ?
12. J'ai choisi un nom pour mon entreprise, mais il est déjà utilisé par une autre entreprise. Suis-je obligé d'en trouver un autre ?
13. Je suis chômeur indemnisé. Pourrai-je continuer à percevoir mes allocations pendant la phase préparatoire de mon projet ?
14. Et une fois l'entreprise créée ?
15. Si je suis gérant de SARL ou d'EURL non rémunéré, toucherai-je la totalité de mes Assedic ?

16. Pourrai-je cumuler l'Accre et le maintien des allocations chômage après la création de mon entreprise ?
17. Je vais créer une entreprise au cours de mon délai de carence. Pourrai-je tout de même bénéficier du maintien partiel de mes allocations chômage une fois ce délai de carence achevé ?
18. Je vais démissionner de mon emploi salarié pour créer mon entreprise. Quels sont mes droits au regard de l'assurance chômage ?
19. Un entrepreneur individuel peut-il domicilier son entreprise chez lui ?
20. Une société peut-elle être domiciliée chez un associé ?
21. Un créateur d'entreprise peut-il exercer son activité chez lui ?
22. Je suis propriétaire de l'appartement dans lequel je vais exercer mon activité. Est-il possible de déduire un loyer au titre de mon activité professionnelle ?
23. Est-il possible de domicilier mon entreprise chez mon concubin qui est locataire d'un appartement, alors que le contrat de bail ne mentionne pas mon nom ?
24. Qu'est-ce que l'Accre ?
25. Je suis licencié et dispensé d'effectuer mon préavis. Puis-je bénéficier de l'Accre si je crée mon entreprise avant la fin de mon préavis ?
26. Quelle est la durée de l'exonération de charges sociales ?
27. Comment faire pour bénéficier de la prolongation de la durée d'exonération de l'Accre ?
28. Qu'appelle-t-on « frais d'établissements » ?
29. Je vais prochainement débuter une activité indépendante sous forme d'entreprise individuelle. J'effectue certains achats de matériel et de fournitures. Pourrai-je déduire ces frais de mon activité ?
30. Pour être déductibles, ces achats doivent-ils avoir lieu peu de temps avant la création de l'entreprise ?

31. Pourrai-je récupérer la TVA sur ces achats ?
32. Ces différentes règles s'appliquent-elles si je suis en entreprise individuelle soumise au régime fiscal de la micro-entreprise ?
33. Qu'en est-il si je crée une société ?
34. Je vais bientôt créer une entreprise. Quels sont les impôts, taxes et droits que je serai susceptible de payer ?
35. L'assiette forfaitaire de calcul des cotisations sociales de début d'activité s'applique-t-elle sur les 24 premiers mois ou sur les 2 premières années civiles ?
36. Peut-on libérer de façon échelonnée les apports en espèces dans une EURL ou une SARL ?
37. Dans un tel cas, comment s'effectue la libération du solde des apports en numéraire ?
38. Comment faire pour évaluer du matériel que l'on souhaite apporter au capital d'une SARL ?
39. Les dépenses réalisées par les associés pendant la période de formation de la société peuvent-elles leur être remboursées ?
40. Qui détermine la rémunération du gérant de SARL ?

1. Quelle est la différence entre une « profession libérale », un « free-lance », un « solo », un « indépendant », une « micro-entreprise », un « auto-entrepreneur » ?

→ La terminologie « profession libérale » ne désigne pas un statut particulier mais une activité de « nature intellectuelle » reposant sur la pratique personnelle d'une science ou d'un art. Toute personne souhaitant exercer une activité libérale doit :

- soit demander son inscription à l'Urssaf en tant qu'entrepreneur individuel ;
- soit créer une société : EURL ou SARL par exemple.

Il faut différencier les professions libérales dites « réglementées » et les « non réglementées ».

→ Les termes « free-lance », « solo », ou encore « indépendant », sont utilisés couramment pour désigner un professionnel exerçant seul, en toute indépendance, un métier jusqu'ici traditionnellement exercé en tant que salarié : consultant, informaticien, formateur, graphiste, technicien, traducteur... Il prospecte une clientèle d'entreprises (ses « donneurs d'ordre »), définit avec elle sa mission et la réalise lui-même ensuite, sous sa propre responsabilité. Il exerce très souvent son activité en entreprise individuelle, mais peut aussi créer une société (EURL par exemple), recourir à une société de portage ou bénéficier de certains statuts particuliers (pigistes, formateurs occasionnels...).

→ Le terme « travailleur indépendant » est utilisé par les caisses sociales des TNS (travailleurs non salariés) pour désigner un entrepreneur individuel travaillant seul, sans salarié (quelle que soit son activité).

→ La « micro-entreprise », désigne quant à elle :

- sur le plan économique (et dans le langage courant) : une entreprise de petite dimension ;
- sur le plan fiscal : un dispositif « ultra-simplifié » de détermination des bénéfices imposables, dont l'objectif est de réduire au minimum les obligations comptables et fiscales des entrepre-

neurs individuels, afin qu'ils puissent se consacrer plus largement à leur production et à leur clientèle.

→ Enfin, l'auto-entrepreneur est une personne qui démarre une petite activité indépendante en bénéficiant non seulement du régime fiscal de la micro-entreprise, mais aussi d'un régime social ultra-simplifié (« micro-social »). L'auto-entrepreneur est également dispensé de demander son immatriculation au registre du commerce et des sociétés ou au répertoire des métiers.

2. Je vais créer une entreprise individuelle sous le régime fiscal de la micro-entreprise. Quel est le chiffre d'affaires à ne pas dépasser l'année de création ?

En principe, le régime fiscal de la micro-entreprise est réservé aux entreprises individuelles réalisant un chiffre d'affaires inférieur à :

- 80 000 € pour les exploitants dont le commerce principal est de vendre des marchandises, objets, fournitures et denrées à emporter ou à consommer sur place ou de fournir un logement ;
- 32 000 € pour les autres prestataires de services relevant des bénéfices industriels et commerciaux et les professionnels relevant des bénéfices non commerciaux.

Mais ces seuils doivent être ajustés au prorata du temps d'exercice de l'activité, si vous créez votre entreprise en cours d'année. Par exemple, si vous êtes consultant et que vous débutez votre activité le 1er avril 2009 en entreprise individuelle, vous ne pourrez bénéficier du régime de la micro-entreprise au titre de l'année 2009 que si vos recettes n'excèdent pas : (27 000 × 275 jours)/365 jours = 20 342 €.

3. Quels sont les avantages liés au régime de la micro-entreprise ?

→ Vous ne facturez pas de TVA : en effet, pour que ce régime puisse s'appliquer, vous ne devez pas avoir opté pour l'application de la TVA. Vous devez donc soit bénéficier du dispositif de franchise en base, soit être exonéré du fait de votre activité. Vous ne la facturez pas, mais attention, vous ne la récupérez pas non plus !

→ Les obligations fiscales et comptables sont réduites. Il vous suffit :
- de tenir un livre journal détaillant les recettes, ainsi qu'un registre récapitulatif par année, présentant le détail des achats ;
- de conserver l'ensemble des factures et pièces justificatives relatives à vos achats, ventes et prestations de services.

→ Vos obligations déclaratives sont également réduites : vous porterez sur votre déclaration de revenus le montant de votre chiffre d'affaires, ainsi que les éventuelles plus ou moins-values réalisées ou subies au cours de l'année.
Le bénéfice imposable sera, quant à lui, déterminé par l'administration fiscale, par application d'un abattement forfaitaire pour frais professionnels.

→ Vous pouvez désormais opter pour le régime « micro-social » qui vous permet de calculer et payer vos cotisations sociales au fur et à mesure de vos encaissements (et seulement en cas d'encaissements…).

→ Le régime « micro-entreprise » présente donc un réel avantage pour les activités à forte valeur ajoutée, nécessitant peu d'investissements et pour lesquelles la non-récupération de la TVA ne présente pas d'inconvénient.

4. Sur quelle assiette seront calculées mes cotisations sociales ?

Elles seront en principe calculées sur le bénéfice imposable. Il s'agit donc de votre chiffre d'affaires, déduction faite de l'abattement forfaitaire représentatif des frais professionnels.
Mais si vous optez pour le « micro-social », vos cotisations seront calculées sur votre chiffre d'affaires.

5. Que se passe-t-il en cas de dépassement des seuils de 80 000 ou 32 000 € ?

→ Si vous bénéficiez de la franchise en base de TVA, le régime de la micro-entreprise continuera à s'appliquer pendant deux ans si votre chiffre d'affaires n'excède pas :
- 88 000 € (livraisons de biens, ventes à emporter ou à consommer sur place ou prestations d'hébergement) ;

- ou 34 000 € (autres prestations de services).

En cas de dépassement de ces seuils, vous perdrez le bénéfice de la franchise en base de TVA, et donc du régime de la micro-entreprise, à compter du premier jour du mois de dépassement.

→ Si vous êtes exonéré de TVA du fait de votre activité, vous conserverez le régime de la micro-entreprise au titre de l'année en cours, quel que soit le montant du chiffre d'affaires réalisé.

6. À quel moment puis-je opter pour un autre régime fiscal ?

En tant qu'entreprise nouvelle, vous avez jusqu'à la date de dépôt de votre première déclaration de résultats pour opter pour un autre régime.

7. Si j'opte pour un autre régime, pourrai-je continuer à bénéficier de la franchise en base de TVA ?

Oui, les deux options sont dissociables. Vous pouvez opter pour un régime réel d'imposition et conserver la franchise de TVA, tant que votre chiffre d'affaires demeure inférieur aux limites d'application du régime de la micro-entreprise citées ci-dessus.

8. Si j'opte plus tard pour le paiement de la TVA, que se passera-t-il ?

L'option prend effet au premier jour du mois au cours duquel elle est formulée. Elle couvre obligatoirement une période de deux années civiles, y compris celle au cours de laquelle elle est formulée (par exemple, une option déclarée le 1er avril 2009 produira ses effets jusqu'au 31 décembre 2010).

En cas d'option, vous pourrez déduire :

- la TVA ayant grevé les biens détenus en stock à la date de prise d'effet de l'option ;
- la TVA ayant frappé les biens constituant les immobilisations en votre possession que vous n'avez pas encore commencé à utiliser à cette date ;

- une fraction de la TVA ayant grevé les immobilisations en cours d'utilisation.

Rappelons enfin, qu'en cas d'option pour la TVA, vous perdrez automatiquement le bénéfice du régime fiscal de la micro-entreprise.

9. Le formulaire d'immatriculation d'une entreprise mentionne en matière de TVA le régime « mini-réel ». De quoi s'agit-il ?

Si vos prévisions financières vous laissent espérer un chiffre d'affaires supérieur au seuil du régime de la micro-entreprise, vous serez soumis au régime du « réel simplifié » pour la détermination de votre bénéfice imposable et pour la TVA. Vous pouvez néanmoins renoncer, en ce qui concerne la TVA uniquement, au régime simplifié en optant pour le régime « réel normal ».

Votre situation sera alors la suivante :

- vos bénéfices seront définis selon les modalités du régime simplifié ;
- en revanche, la TVA à reverser sera déterminée selon les modalités du régime normal : vous la déclarerez et la payerez mensuellement, au lieu de verser trimestriellement des acomptes provisionnels faisant l'objet, l'année suivante, d'une régularisation. Ce régime vous évitera de faire des avances de TVA.

10. Puis-je prétendre à l'Accre si je suis soumis au régime fiscal de la micro-entreprise ?

Oui, le bénéfice de l'Accre est indifférent au régime fiscal auquel vous serez soumis, dès l'instant où vous êtes en mesure de justifier du caractère réel et consistant de votre projet et de ses perspectives de viabilité.

Par ailleurs, si vous êtes soumis à ce régime, vous pourrez, sous certaines conditions, demander aux caisses une prolongation de 24 mois maximum de la durée de l'exonération de charges sociales accordée au titre de l'Accre.

11. On me refuse l'ouverture d'un compte professionnel. Quels sont mes droits ?

Lors d'une demande d'ouverture d'un compte, les banques vérifient sur le fichier central des chèques de la Banque de France, ainsi que sur le fichier des incidents des crédits aux particuliers, si vous et vos associés n'avez pas rencontré de difficultés de nature bancaire durant les dernières années. Si c'est le cas, vous aurez effectivement des problèmes pour trouver une banque qui accepte de vous ouvrir un compte professionnel.

→ Commencez par vous renseigner auprès de la Banque de France sur les incidents de paiements recensés à votre nom et/ou à ceux de vos associés... Vous disposerez ainsi des mêmes informations que votre banquier.

→ En cas d'incidents de paiements, évoquez la question franchement avec votre banquier, donnez des explications et surtout montrez à votre interlocuteur que vous prenez des mesures pour améliorer la situation.

→ En dernier lieu, contactez le comptoir le plus proche de la Banque de France qui imposera à un établissement bancaire l'ouverture d'un compte de dépôt au nom de votre entreprise. Cet établissement de crédit restera néanmoins libre de vous refuser tel ou tel moyen de paiement : carte de crédit, chéquier...

12. J'ai choisi un nom pour mon entreprise, mais il est déjà utilisé par une autre entreprise. Suis-je obligé d'en trouver un autre ?

Commencez par vérifier si la dénomination a été déposée en tant que marque auprès de l'INPI par cette entreprise ou par une autre. Si c'est le cas et si le dépôt a été fait dans une classe correspondant à votre secteur d'activité, rapprochez-vous du propriétaire de la marque pour obtenir soit une autorisation d'utilisation de ce nom, soit une licence d'exploitation. S'il n'a pas fait l'objet d'un dépôt, vous pouvez naturellement protéger ce nom, mais assurez-vous de ne pas vous trouver en situation de concurrence déloyale vis-à-vis de cette entreprise, qui bénéficie d'une antériorité sur l'utilisation du nom.

Il y a concurrence déloyale, lorsque les agissements d'une entreprise occasionnent une confusion dans l'esprit de la clientèle. Les éléments de preuve pris en considération peuvent être par exemple, outre la similitude du nom, une proximité géographique, des logos ressemblants, une démarche commerciale similaire, etc.

D'une manière générale, il est toujours préférable d'éviter ce genre de situation qui peut donner lieu à un contentieux, difficile à gérer en phase de lancement d'une activité.

13. Je suis chômeur indemnisé. Pourrai-je continuer à percevoir mes allocations pendant la phase préparatoire de mon projet ?

Oui, car la création d'entreprise est considérée comme un acte positif de recherche d'emploi.

14. Et une fois l'entreprise créée ?

Oui, si vous demeurez inscrit sur la liste des demandeurs d'emploi (en catégorie 6,7 ou 8) et que votre nouvelle activité ne rapporte pas plus de 70 % du salaire qui a servi au calcul de vos allocations chômage.

Si cette condition est remplie, vous pourrez cumuler, pendant 15 mois au maximum et dans la limite de vos droits, les revenus procurés par votre nouvelle activité avec une partie de vos allocations. Chaque mois, l'Assedic déduira un certain nombre de jours, non indemnisés, qui seront calculés de la manière suivante : (rémunérations déclarées au titre des assurances sociales/salaire journalier de référence).

Une précision : cette limite de 15 mois ne vous sera pas opposable si vous avez plus de 50 ans.

À savoir : vous avez désormais le choix entre le maintien de vos allocations pendant la phase de démarrage de votre entreprise ou le versement d'un capital représentant la moitié du reliquat de vos droits. Si vous optez pour cette aide, elle vous sera versée pour moitié lors de l'immatriculation de l'entreprise, et pour moitié 6 mois après le début d'activité. Renseignez-vous auprès de votre Assedic.

Attention néanmoins ! Une nouvelle convention d'assurance chômage entrera en vigueur en 2009. Les règles exposées ci-dessus pourraient donc subir quelques modifications. Suivez l'actualité sur le site de l'APCE :
www.apce.com ou sur *www.leguidedelamicroentreprise.fr*

15. Si je suis gérant de SARL ou d'EURL non rémunéré, toucherai-je la totalité de mes Assedic ?

En principe oui. En produisant l'acte de votre nomination en qualité de gérant non rémunéré, vous devriez pouvoir percevoir la totalité de vos indemnités pendant quinze mois maximum et dans la limite de vos droits.

Cependant, ce point n'a pas fait l'objet d'une réglementation et toutes les antennes Assedic n'ont pas forcément les mêmes pratiques. Il est donc prudent de vous rapprocher de votre antenne pour vérifier vos droits.

16. Pourrai-je cumuler l'Accre et le maintien des allocations chômage après la création de mon entreprise ?

Oui si vous restez inscrit sur la liste des demandeurs d'emploi.

17. Je vais créer une entreprise au cours de mon délai de carence. Pourrai-je tout de même bénéficier du maintien partiel de mes allocations chômage une fois ce délai de carence achevé ?

Oui, vous pourrez percevoir, une fois le délai de carence achevé, une partie de vos allocations chômage en complément de vos revenus professionnels, dans la limite de vos droits et pour une durée maximale de quinze mois (pour les personnes de moins de 50 ans), si vous remplissez les deux conditions suivantes :

- vous devez demeurer inscrit sur la liste des demandeurs d'emploi ;

- et votre rémunération ne doit pas excéder 70 % de votre rémunération antérieure.

Le délai de 15 mois court à compter du début de la perception des allocations chômage.

18. Je vais démissionner de mon emploi salarié pour créer mon entreprise. Quels sont mes droits au regard de l'assurance chômage ?

La démission pour création d'entreprise n'est pas aujourd'hui un motif légitime de démission permettant de s'ouvrir des droits au chômage. Vous ne pourrez donc pas percevoir d'allocations pendant la phase préparatoire de votre projet. En revanche, si vous devez cesser votre activité pour des raisons indépendantes de votre volonté (difficultés économiques, absence de renouvellement du bail...), vous pourrez être indemnisé, au titre de votre activité salariée antérieure, si vous remplissez les conditions suivantes :

- avoir démissionné pour créer ou reprendre une entreprise ;
- ne pas avoir été inscrit sur la liste des demandeurs d'emploi entre votre démission et votre création ou reprise d'entreprise ;
- avoir demandé l'ouverture de vos droits dans les trois ans suivant la cessation de votre contrat de travail.

19. Un entrepreneur individuel peut-il domicilier son entreprise chez lui ?

Oui, il doit toutefois vérifier, au préalable, qu'aucune disposition légale ou contractuelle (contrat de bail, règlement de copropriété ou de lotissement) ne s'y oppose expressément.

20. Une société peut-elle être domiciliée chez un associé ?

Non s'il s'agit d'un associé non gérant. En revanche, il peut être fixé au domicile du gérant de la société, à condition qu'il n'existe pas de dispositions législatives ou contractuelles contraires (dans le contrat de bail, le règlement de copropriété ou de lotissement par exemple). Si une telle disposition contraire existe, le gérant peut tout de même fixer le siège de la société chez lui, mais pendant une durée limitée à 5 ans. Il doit alors en informer son propriétaire ou sa copropriété par lettre recommandée avec avis de réception.

21. Un créateur d'entreprise peut-il exercer son activité chez lui ?

En principe, oui, qu'il soit entrepreneur individuel ou gérant de société. Toutefois, il doit vérifier qu'il respecte bien les conditions contractuelles de son bail, de la copropriété ou du lotissement, et il doit remplir les trois conditions suivantes :

- il s'agit de sa résidence principale ;
- il travaille seul ou avec les autres occupants du local (sans salarié) ;
- il ne reçoit pas de clients et n'entrepose pas de marchandises (sauf rez-de-chaussée).

22. Je suis propriétaire de l'appartement dans lequel je vais exercer mon activité. Est-il possible de déduire un loyer au titre de mon activité professionnelle ?

→ Si votre activité relève des BIC (bénéfices industriels et commerciaux) ou de l'IS (l'impôt sur les sociétés), vous pourrez déduire un loyer s'il n'est pas excessif. En revanche, les loyers versés seront imposables au titre de votre impôt sur le revenu dans la catégorie des revenus fonciers.

→ Si votre activité relève des BNC (bénéfices non commerciaux), cette possibilité ne vous est pas offerte. La jurisprudence[1] semble cependant évoluer favorablement. Renseignez-vous auprès de votre centre des impôts.

1. Arrêt de la cour d'appel administrative du 6 décembre 2006.

23. Est-il possible de domicilier mon entreprise chez mon concubin qui est locataire d'un appartement, alors que le contrat de bail ne mentionne pas mon nom ?

L'absence de mention de votre nom dans le bail ne vous empêche pas de domicilier votre entreprise chez votre concubin, dès lors qu'aucune disposition législative ou contractuelle ne s'y oppose. Lors de votre immatriculation, le Centre de formalités des entreprises (CFE) vous demandera de produire des pièces justificatives. Celles-ci peuvent être différentes d'un CFE à un autre. En général, il vous sera demandé de fournir :

- un justificatif de domicile de moins de 3 mois à votre nom (facture de téléphone portable par exemple) ;
- et une attestation d'hébergement de votre concubin.

24. Qu'est ce que l'Accre ?

L'Accre désigne l'une des aides comprises dans le dispositif global mis en place par le ministère de l'Emploi, en faveur des demandeurs d'emploi qui ont un projet de création ou de reprise d'entreprise. Ce dispositif consiste en une exonération de charges sociales pendant un an. Il peut être complété par le dispositif Nacre (accompagement par un organisme labellisé et octroi d'un prêt d'honneur).

25. Je suis licencié et dispensé d'effectuer mon préavis. Puis-je bénéficier de l'Accre si je crée mon entreprise avant la fin de mon préavis ?

Oui, si vous êtes inscrit sur la liste des demandeurs d'emploi. Vous entrez alors dans la catégorie des demandeurs d'emploi susceptibles d'être indemnisés, ce qui vous ouvrira droit à l'exonération de charges sociales au titre de l'Accre.

Pour justifier de cette qualité, vous devrez joindre à votre dossier de demande la lettre attestant de votre licenciement et vos bulletins de salaire des 4 derniers mois.

26. Quelle est la durée de l'exonération de charges sociales ?

En principe l'exonération dure 12 mois. Elle est prolongée, en partie et pour une période de 2 ans maximum, pour les personnes soumises au régime fiscal de la micro-entreprise, dont le revenu professionnel (chiffre d'affaires moins l'abattement) est inférieur ou égal à 1 820 fois le Smic (soit 15 852 € pour 2009). Attention cependant : cette prolongation ne concernerait pas les chômeurs indemnisés.

27. Comment faire pour bénéficier de la prolongation de la durée d'exonération de l'Accre ?

Il suffit d'adresser une demande écrite aux organismes sociaux chargés de recouvrer les cotisations, au plus tard à la date d'échéance du premier avis d'appel des cotisations suivant le 12e mois de l'exonération initiale. Cette demande doit être renouvelée dans les mêmes conditions au bout des 12 premiers mois de la prolongation. L'exonération est totale jusqu'à 5 456 € de revenus professionnels annuels. Elle est de 50 % de 5 456 à 15 852 € de revenus.

28. Qu'appelle-t-on « frais d'établissement » ?

Il s'agit des frais occasionnés par la création ou le développement de l'entreprise. Ils comprennent notamment :

- Les frais de constitution : coût des formalités de création, honoraires de notaires, de conseils juridiques, de commissaires aux apports…, études, droits d'enregistrement des apports…
- Les frais de prospection et de première publicité : frais d'impression, prospectus, frais liés à l'organisation de réunions d'information, frais de déplacement…
- Les frais liés à une augmentation de capital, etc.

→ Si votre entreprise est imposée selon le régime du bénéficie réel (BIC) ou de la déclaration contrôlée (BNC), il est possible de déduire fiscalement ces frais :

- immédiatement, pour leur montant global, au titre des charges déductibles de l'exercice de création ;

- ou, de manière échelonnée, en amortissant ces frais sur une période maximale de 5 ans.

→ Si votre entreprise est soumise au régime fiscal de la micro-entreprise, ces frais seront inclus dans l'abattement forfaitaire pour frais professionnels.

29. Je vais prochainement débuter une activité indépendante sous forme d'entreprise individuelle. J'effectue certains achats de matériel et de fournitures. Pourrai-je déduire ces frais de mon activité ?

En principe, pour être déductible, une charge doit être constatée par une facture établie au nom de l'entreprise, et doit être réalisée dans l'intérêt de celle-ci.

En ce qui concerne les achats effectués avant le début de l'activité, la loi ne prévoit rien sur ce point. Par conséquent, il vous appartiendra de justifier que le bien a été acquis pour les besoins de votre entreprise. En cas de contrôle fiscal, l'administration fiscale appréciera votre situation en fonction des justificatifs que vous pourrez lui fournir.

Un conseil : rapprochez-vous de votre centre des impôts pour vérifier le caractère déductible de vos achats avant de les comptabiliser.

30. Pour être déductibles, ces achats doivent-ils avoir lieu peu de temps avant la création de l'entreprise ?

Il n'existe pas de délai prévu par la loi. Toutefois, l'administration fiscale, au regard des justificatifs de la dépense, applique souvent un délai moyen de 6 mois.

31. Pourrai-je récupérer la TVA sur ces achats ?

Oui, si vous êtes en mesure de prouver, en cas de contrôle fiscal, que ces biens ont été acquis pour les besoins de votre activité, et que le laps de temps écoulé entre l'achat et le début d'activité est raisonnable.

32. Ces différentes règles s'appliquent-elles si je suis en entreprise individuelle soumise au régime fiscal de la micro-entreprise ?

Non. Dans le régime fiscal de la micro-entreprise, les charges sont forfaitisées. Vos achats ne seront donc pas comptabilisés pour leur montant réel.

Quant à la TVA, il n'est pas possible, sous ce régime fiscal, de récupérer la taxe payée sur les achats.

33. Qu'en est-il si je crée une société ?

La situation est moins complexe. Vous effectuerez vos achats « au nom et pour le compte de la société en cours de formation ». La société, une fois constituée, vous remboursera les sommes éventuellement avancées et sera autorisée à intégrer ces dépenses en charges déductibles.

34. Je vais bientôt créer une entreprise. Quels sont les impôts, taxes et droits que je serai susceptible de payer ?

→ Vous serez tout d'abord soumis à l'impôt sur les bénéfices : imposition sur le revenu ou imposition sur les sociétés (IS).

→ Vous devrez obligatoirement vous acquitter de la taxe professionnelle, impôt local contribuant au financement des charges des collectivités locales.

→ Si vous créez une société soumise à l'IS (SARL par exemple), vous serez susceptible de payer l'IFA (imposition forfaitaire annuelle) et, le cas échéant, la taxe sur les voitures de société. Mais en principe, vous bénéficierez d'une exonération d'IFA pendant 3 ans si votre capital est constitué pour moitié au moins par des apports en espèces.

→ Si vous êtes propriétaire de vos locaux, vous serez soumis à la taxe foncière.

→ Si vous êtes commerçant ou artisan ou si vous exercez votre activité en société, vous devrez verser une taxe pour frais de chambre de commerce et d'industrie ou de chambre de métiers et de l'artisanat.

→ L'ensemble de vos revenus sera soumis à la CSG et CRDS.

→ Des droits d'enregistrement seront à verser à l'occasion de certains événements tels que les cessions, la conclusion de baux...

→ Enfin, certains impôts et taxes pourront vous concerner si vous employez des salariés. Pour plus d'informations, consultez votre centre des impôts.

35. L'assiette forfaitaire de calcul des cotisations sociales de début d'activité s'applique-t-elle sur les 24 premiers mois ou sur les 2 premières années civiles ?

Les bases forfaitaires utilisées pour le calcul des deux premières années d'activité s'entendent par années civiles. Elles correspondent :

- pour la première année civile : à 18 fois la base mensuelle des prestations familiales en vigueur au 1er octobre de l'année précédente (soit 6 801 € en 2009) ;
- pour la seconde année civile : à 27 fois cette base mensuelle (soit 10 202 € en 2010).

  Par exemple, pour un début d'activité au 1er juillet 2008, la base forfaitaire prise en compte par les caisses sera de 3 400 € (6 801 €/2) pour 2009 et 10 202 € pour 2010.

Rappelons que les entreprises peuvent désormais demander que leurs cotisations provisionnelles soient calculées sur les revenus estimés par l'entrepreneur. Mais attention, si les revenus définitifs sont supérieurs de plus d'un tiers aux revenus estimés, l'entrepreneur est redevable d'une majoration de retard, sauf s'il est soumis au régime fiscal de la micro-entreprise.

36. Peut-on libérer de façon échelonnée les apports en espèces dans une EURL ou une SARL ?

Oui, c'est tout à fait possible. La loi pour l'initiative économique a supprimé l'exigence du capital minimum mais n'a pas modifié les règles applicables à la libération différée du capital. Ainsi, les associés d'une SARL peuvent décider de ne verser que 20 % au minimum de leurs apports en espèces et libérer le solde sur une période de 5 ans.

37. Dans un tel cas, comment s'effectue la libération du solde des apports en numéraire ?

Elle doit obligatoirement intervenir dans un délai maximal de 5 ans à compter de l'immatriculation de la société, sur sollicitation du gérant et conformément aux stipulations des statuts. À défaut de précision dans ces derniers, le gérant sera libre de demander la libération du solde en fonction des besoins de la société. Aucun formalisme n'est exigé par la loi.

Au niveau comptable, la part du capital non libérée doit apparaître tout en haut du bilan dans un compte d'actif intitulé « Capital souscrit - non appelé ». Lorsque les associés libèrent tout ou partie de leurs apports en espèces, ce compte est débité et un compte de trésorerie (caisse ou banque) est crédité du même montant.

38. Comment faire pour évaluer du matériel que l'on souhaite apporter au capital d'une SARL ?

Le capital de la SARL peut être constitué en partie ou en totalité d'apports en nature, c'est-à-dire de biens autres que de l'argent pouvant être évalués pécuniairement et cédés.

Leur évaluation doit être réalisée par un commissaire aux apports nommé par les associés à l'unanimité ou désigné par le tribunal de commerce. Toutefois, si aucun apport en nature n'excède 7 500 € et si la totalité des apports en nature n'excède pas la moitié du capital social, vous pouvez, avec vos associés, décider, à l'unanimité, de ne pas recourir à un commissaire aux apports. Mais attention, car dans ce cas, vous serez responsables solidairement pendant 5 ans de la valeur donnée aux biens. Cette valeur doit correspondre à la valeur de revente. Toutes les méthodes d'évaluation sont permises dès lors que vous pouvez apporter des justificatifs. Il est par exemple possible d'appliquer, sur le prix d'achat TTC du matériel, le coefficient normal d'amortissement linéaire admis en fonction de sa nature.

39. Les dépenses réalisées par les associés pendant la période de formation de la société peuvent-elles leur être remboursées ?

Oui, les associés qui ont effectué des dépenses, au nom et pour le compte de la société pendant sa période de formation (honoraires, achat de matériel...), pourront se les faire rembourser par la société dès le déblocage des fonds, c'est-à-dire après l'immatriculation. Pour cela, ils doivent relater l'ensemble de ces engagements dans un acte qui sera annexé aux statuts. La signature par les associés des statuts vaudra alors reprise de ces engagements par la société lorsque celle-ci sera immatriculée. Il est donc important de garder précieusement tous les justificatifs de dépenses.

D'un point de vue comptable, ces dépenses représentent une avance en compte courant d'associé.

40. Qui détermine la rémunération du gérant de SARL ?

C'est l'assemblée générale des associés qui fixe librement la rémunération des gérants. Elle peut être fixe et/ou proportionnelle aux résultats de la société et entre dans la catégorie fiscale des « traitements et salaires ». Elle est déductible fiscalement pour la société.

L'auto-entrepreneur : un régime fait pour vous ?

Pour bien comprendre les incidences de ce nouveau régime et être en mesure de choisir en toute connaissance de cause… rien ne vaut un tableau comparatif ! Un petit rappel : en devenant « micro-entrepreneur », vous allez devoir faire un premier choix, au niveau juridique :

- devenir entrepreneur individuel (« personne physique ») ;
- ou créer une société (« personne morale »), une EURL ou SARL par exemple.

Si vous choisissez l'entreprise individuelle plusieurs possibilités s'offrent désormais à vous :

- adopter le régime fiscal simplifié de la micro-entreprise, régime applicable aujourd'hui de plein droit aux personnes qui créent une entreprise individuelle ;
- opter pour le régime fiscal « classique » de l'entreprise individuelle : réel simplifié (activités commerciales ou artisanales) ou déclaration contrôlée (activités libérales) ;
- devenir auto-entrepreneur !

Comparez ces trois options… et décidez ce qui est le mieux pour vous !

De quoi s'agit-il ?

Régime du bénéfice réel	Régime de la micro-entreprise	Régime de l'auto-entrepreneur
De l'entreprise individuelle « classique » Ce régime est applicable : → sur option, aux créateurs d'entreprise individuelles ; → de plein droit, en cas de chiffre d'affaires supérieur à certains seuils. En choisissant ce régime, vous serez imposé sur la base de vos bénéfices réellement réalisés, que vous déterminerez en tenant une comptabilité.	**De l'entreprise individuelle + un régime fiscal ultra-simplifié** Ce régime de la micro-entreprise est applicable de plein droit aux créateurs d'entreprises individuelles de petite taille. En choisissant ce régime, vous serez imposé sur la base d'un bénéfice déterminé par application à votre chiffre d'affaires (CA) d'un abattement forfaitaire.	**De l'entreprise individuelle soumise au régime de la micro-entreprise + un régime social ultra-simplifié : « micro-social » + la possibilité d'opter pour le paiement de l'impôt sur le revenu (IR) par prélèvement libératoire (option ouvrant droit à une exonération temporaire de taxe professionnelle) + pour les créateurs : une dispense d'immatriculation au RCS ou au répertoire des métiers** La grande innovation de ce régime est qu'il vous permet de payer vos charges sociales (et fiscales sur option) au fur et à mesure de vos encaissements… et uniquement en cas d'encaissements !

▷ Les seuils de chiffres d'affaires

Régime du bénéfice réel	Régime de la micro-entreprise	Régime de l'auto-entrepreneur
CA supérieur à :	**CA inférieur à :**	
→ **80 000 euros HT** pour les activités : • d'achat de biens destinés à être revendus en l'état ; • de fabrication (pour les revendre) de produits à partir de matières premières (farine, métaux, bois, céramique…) ; • de vente de denrées à consommer sur place ; • de fournitures de prestations d'hébergement. → **32 000 euros HT** pour les autres prestataires de services et les professions libérales.	→ **80 000 euros HT** pour les activités : • d'achat de biens destinés à être revendus en l'état ; • de fabrication (pour les revendre) de produits à partir de matières premières (farine, métaux, bois, céramique…) ; • de vente de denrées à consommer sur place ; • de fournitures de prestations d'hébergement. → **32 000 euros HT** pour les autres prestataires de services et les professions libérales.	

Pour quels types d'activité ?

<table>
<tr><th>Régime du bénéfice réel</th><th>Régime de la micro-entreprise</th><th>Régime de l'auto-entrepreneur</th></tr>
<tr><td>→ Commerciales et/ou artisanales (on parle alors de « régime réel simplifié » ou « régime du réel normal »).
→ Libérales (on parle alors de « régime de la déclaration contrôlée »).</td><td colspan="2">Commerciales, artisanales ou libérales.

→ Principales exceptions :
• la location de matériels et de biens de consommation durable ;
• les ventes de véhicules neufs dans les autres États membres de l'Union européenne ;
• les activités relevant de la TVA immobilière (marchands de biens, lotisseurs, agents immobiliers…) ;
• les locations d'immeubles non meublés ou professionnels ;
• les activités agricoles ;
• les activités rémunérées par des droits d'auteur.</td></tr>
</table>

Et si vous exercez plusieurs activités ?

Une même personne physique ne peut avoir deux entreprises individuelles. Si vous exercez plusieurs activités, vos recettes de même nature (achat/revente, prestations de services commerciales, activités libérales) seront additionnées et il sera fait application des seuils définis ci-dessous.

→ Si ces activités sont **toutes commerciales,** le CA global à prendre en compte pour déterminer le régime applicable sera 80 000 €. Mais à l'intérieur de cette limite, le CA relatif aux prestations de services ne devra pas dépasser 32 000 € pour bénéficier du régime de la micro-entreprise (et donc du régime de l'auto-entrepreneur).

→ Si vous avez une **activité principale commerciale** et une **activité accessoire libérale,** les règles ci-dessus s'appliqueront également. Toutes vos recettes seront additionnées et le seuil de 32 000 € s'appliquera pour les prestations de services (commerciales ou libérales).

→ Si vous avez une **activité principale libérale** et une **activité accessoire commerciale,** l'ensemble de vos recettes seront additionnées, mais votre CA global, pour bénéficier du régime de la micro-entreprise (et donc de celui de l'auto-entrepreneur), ne devra pas dépasser 32 000 €.

▷ Formalités et qualification

<table>
<tr><th>RÉGIME DU BÉNÉFICE RÉEL</th><th>RÉGIME DE LA MICRO-ENTREPRISE</th><th>RÉGIME DE L'AUTO-ENTREPRENEUR</th></tr>
<tr><td colspan="2">Vous devez demander votre immatriculation en tant qu'entrepreneur individuel auprès :
→ du registre national des entreprises tenu par l'Insee ;
→ du registre du commerce et des sociétés (RCS), si votre activité est commerciale ;
→ du répertoire des métiers (RM), si elle est artisanale.

Ces demandes se font par l'intermédiaire du centre de formalités des entreprises (CCI, chambre de métiers ou Urssaf en fonction de votre activité), sur place ou via Internet.</td><td>Il suffit de demander votre inscription sur le registre national des entreprises auprès du centre de formalités des entreprises (CCI, chambre de métiers ou Urssaf en fonction de votre activité), sur un formulaire simplifié ou sur Internet : www.lautoentrepreneur.fr</td></tr>
<tr><td colspan="3">Faut-il avoir une qualification professionnelle ?

Une qualification professionnelle est nécessaire pour exercer certains métiers, ce qui peut induire des formalités complémentaires.

Lorsque c'est le cas, aucun statut ne permet de déroger à cette obligation.
Par exemple, si vous vous lancez dans le secteur du bâtiment, de l'alimentaire, de la coiffure ou de l'esthétique à domicile, de la réparation de deux roues… vous devez détenir un CAP ou un diplôme équivalent ou avoir une expérience professionnelle de 3 ans dans le métier.

Avant de vous lancer, renseignez-vous bien sur les conditions d'exercice de votre activité auprès de votre chambre de métiers, de votre chambre de commerce, des organisations professionnelle ou consultez le site Internet de l'APCE : http://www.apce.com onglet « informations sectorielles ».</td></tr>
</table>

▷ Peut-on passer d'un statut à l'autre ?

RÉGIME DU BÉNÉFICE RÉEL	RÉGIME DE LA MICRO-ENTREPRISE	RÉGIME DE L'AUTO-ENTREPRENEUR
Oui, si votre CA se situe en dessous des seuils mentionnés ci-dessus. Il vous est alors possible : → de revenir au régime fiscal de la micro-entreprise ; → puis, si vous le souhaitez, d'opter pour le régime de l'auto-entrepreneur.	**Oui,** il vous est possible : → d'opter pour le régime fiscal du bénéfice réel si vous pensez que la déduction de vos frais réels est plus avantageuse, ou si vous souhaitez être assujetti à la TVA ; → de devenir auto-entrepreneur en optant pour le régime « micro-social ».	**Oui,** vous pouvez renoncer au régime micro-social simplifié et au versement libératoire de l'impôt sur le revenu, en faisant une demande expresse au plus tard le 31 décembre de l'année précédente.
	Par ailleurs, si votre chiffre d'affaires dépasse, durant l'année, les seuils de 88 000 ou 34 000 €, en fonction de votre activité : → vous sortirez obligatoirement du régime fiscal de la micro-entreprise ; → et entrerez de plein droit dans celui du bénéfice réel.	Par ailleurs, si votre chiffre d'affaires dépasse, durant l'année, les seuils de 88 000 ou 34 000 €, en fonction de votre activité : → vous sortirez obligatoirement du régime fiscal de la micro-entreprise ou de celui du prélèvement libératoire ; → et entrerez de plein droit dans celui du bénéfice réel. Le régime « micro-social » continuera, quant à lui, à s'appliquer jusqu'à la fin de l'année civile.

Cotisations sociales

	Régime du bénéfice réel	Régime de la micro-entreprise	Régime de l'auto-entrepreneur
Quelle sera l'assiette de calcul de vos cotisations sociales ?	Votre revenu professionnel imposable.	Votre CA, déduction faite de l'abattement forfaitaire représentatif de frais (voir ci-dessous)	Votre CA brut réalisé au cours du mois ou du trimestre précédent.
À quel moment devrez-vous payer vos cotisations sociales ?	Vous verserez des cotisations provisionnelles, qui seront régularisées 2 ans plus tard, une fois votre revenu professionnel connu. En début d'activité, ces cotisations provisionnelles seront calculées sur une base forfaitaire, même en l'absence d'encaissements. Reportez-vous aux pages 165 et suivantes de ce guide *(cf. le mode de calcul de vos cotisations)*		Chaque mois ou chaque trimestre, et uniquement en cas d'encaissements.
Quel sera le montant de vos cotisations ?	Reportez-vous aux pages 171 et suivantes de ce guide *(cf. les taux de cotisations des TNS)*		12 % 21,3 % 18,3 % en fonction de votre activité*.

* - **12 %** du CA, pour les activités :
- d'achat de biens destinés à être revendus en l'état ;
- de fabrication (pour les revendre) de produits à partir de matières premières (farine, métaux, bois, céramique…) ;
- de vente de denrées à consommer sur place ;
- de fournitures de prestations d'hébergement ;

- **21,3 %** du CA, pour les autres activités de prestations de services de nature commerciale ou artisanale ;
- **21,3 %** du CA, pour les activités libérales relevant du RSI (agents commerciaux, exploitants auto-école, certaines « médecines » non conventionnelles, la voyance, l'ésotérisme…) ;
- **18,3 %** pour les professionnels libéraux relevant de la caisse de retraite Cipav (consultants, traducteurs, animateurs, guides…).

Fiscalité

<table>
<tr><th></th><th>RÉGIME DU BÉNÉFICE RÉEL</th><th>RÉGIME DE LA MICRO-ENTREPRISE</th><th>RÉGIME DE L'AUTO-ENTREPRENEUR</th></tr>
<tr><td>Comment seront imposés les bénéfices de votre entreprise ?</td><td>Vos bénéfices seront déterminés par vous ou votre expert-comptable au vu de votre comptabilité.

Ils seront ensuite intégrés dans votre déclaration d'ensemble de revenus, puis soumis au barème progressif par tranches de l'impôt sur le revenu.</td><td colspan="2">Vous porterez le montant de votre CA (ou vos recettes brutes) sur votre déclaration de revenus 2042 C.

L'administration appliquera un abattement forfaitaire représentatif de l'ensemble de vos charges sociales de :
→ 71 % si vous avez une activité :
• d'achat de biens destinés à être revendus en l'état ;
• de fabrication (pour les revendre) de produits à partir de matières premières (farine, métaux, bois, céramique…) ;
• de vente de denrées à consommer sur place ;
• de fournitures de prestations d'hébergement.
→ 50 % si vous exercez une autre activité relevant des bénéfices industriels et commerciaux ;
→ 34 % si votre activité est libérale.

Vos revenus professionnels ainsi déterminés seront ensuite soumis au barème progressif par tranches de l'impôt sur le revenu.</td></tr>
</table>

<table>
<tr><th></th><th>RÉGIME DU BÉNÉFICE RÉEL</th><th>RÉGIME DE LA MICRO-ENTREPRISE</th><th>RÉGIME DE L'AUTO-ENTREPRENEUR</th></tr>
<tr><td>Serez-vous assujetti à la TVA ?</td><td>Oui
Néanmoins, si votre CA si situe en dessous des seuils indiqués au haut de ce tableau, et que vous décidez malgré tout d'opter pour le régime du bénéfice réel, il vous est possible de bénéficier de la franchise en base de TVA.
En effet, les seuils d'application de cette franchise sont identiques à ceux de la micro-entreprise.</td><td colspan="2">Non
Vous devez obligatoirement être exonéré de TVA :
→ soit du fait de votre activité ;
→ soit au titre du dispositif de franchise de TVA, dont les seuils d'application sont identiques à ceux indiqués en haut de ce tableau.
Vous ne facturez donc pas de TVA… mais vous ne récupérerez pas celle que vous allez payer sur vos achat de biens ou de services.</td></tr>
<tr><td>Et la taxe professionnelle ?</td><td>Vous ne la payerez qu'à partir de l'année suivant celle de la création de votre entreprise.
En cas d'implantation dans une zone prioritaire en matière d'aménagement du territoire, vous pourrez éventuellement bénéficier d'une mesure d'exonération.</td><td>Vous ne la payerez qu'à partir de l'année suivant celle de la création de votre entreprise.</td><td>Si vous optez pour le prélèvement libératoire, vous serez exonéré de taxe professionnelle l'année de création de votre entreprise et les deux années suivantes.</td></tr>
</table>

▷ Peut-on opter pour le prélèvement libératoire ?*

Régime du bénéfice réel	Régime de la micro-entreprise	Régime de l'auto-entrepreneur
Non	Oui, mais uniquement si vous avez opté pour le micro-social simplifié… c'est-à-dire si vous êtes devenu auto-entrepreneur !	Oui, à condition que le revenu de votre foyer fiscal pour 2007 soit inférieur à **25 195 €** par part de quotient familial, c'est-à-dire inférieur à : → 25 195 € pour une personne seule ; → 50 390 € pour un couple, 75 585 € pour un couple avec deux enfants ; → etc. Vous pouvez effectuer cette option : → sur votre déclaration de création d'activité, ou en ligne sur le site : *www.lautoentrepreneur.fr* ou auprès du RSI (*www.le-rsi.fr*), au plus tard le dernier jour du 3ème mois qui suit la création de votre entreprise.

* **En quoi consiste ce prélèvement libératoire ?**
Vous réglerez le montant de votre impôt sur le revenu en même temps que votre forfait de charges sociales, en appliquant sur votre CA ou vos recettes un pourcentage supplémentaire de :
- **1 %** si vous exercez une activité :
  - d'achat de biens destinés à être revendus en l'état,
  - de fabrication (pour les revendre) de produits à partir de matières premières (farine, métaux, bois, céramique…),
  - de vente de denrées à consommer sur place,
  - de fournitures de prestations d'hébergement ;
- **1,7 %** si vous exercez une autre de prestations de services de nature commerciale ou artisanale ;
- **1,7 %** s'il s'agit d'une activité libérale relevant du RSI ;
- **2,2 %** s'il s'agit d'une activité libérale relevant de la Cipav.

Faut-il prendre une assurance professionnelle ?

Régime du bénéfice réel	Régime de la micro-entreprise	Régime de l'auto-entrepreneur

Pas toujours… mais sachez que vous devez respecter les **obligations d'assurance professionnelle** imposées par votre profession… ou vivement recommandées ! S'assurer peut être une obligation imposée :

- par la loi : c'est le cas par exemple pour la responsabilité décennale des entreprises du bâtiment, pour les véhicules, pour les locaux… ;
- ou par les textes qui régissent votre activité : il en sera ainsi, par exemple, si vous « touchez » au domaine de l'organisation de voyages, de la coiffure…
  Il est donc important, là encore, de vous renseigner sur votre activité.

Attention ! Même si votre activité ne vous impose pas de prendre une assurance, ne négligez pas cette étape et réfléchissez bien aux risques que vous prenez !

Vous pouvez provoquer un accident chez un client ou dans votre local... et même devant celui-ci en ouvrant la porte de votre voiture par exemple... Aucune situation n'est totalement exempte de risques. À vous d'apprécier ceux que vous pouvez vous permettre de prendre…

Quel que soit le régime que vous choisirez, n'oubliez pas que vous serez entrepreneur individuel. Votre responsabilité civile professionnelle pourra donc être engagée à tout moment.
Rapprochez-vous d'assureurs ou de courtiers en assurances, ou consultez les documents du CDIA (Centre d'information et de documentation sur l'assurance) sur le site : *http://www.ffsa.fr*

Avantages comparés des régimes

Régime du bénéfice réel	Régime de la micro-entreprise	Régime de l'auto-entrepreneur
→ Prise en compte des frais réellement payés (ou engagés, selon les cas) pour la détermination des bénéfices imposables. → Possibilité de compenser un éventuel déficit avec d'autres sources du revenu du foyer fiscal. → Récupération de la TVA payée sur les achats de biens et de services. → Accès aux mesures d'exonérations fiscales, en cas d'implantation dans une zone prioritaire en matière d'aménagement du territoire.	→ Obligations comptables réduites à la tenue d'un livre de recettes et d'un registre des achats. → Pas de TVA à facturer (franchise) et donc pas de déclarations de TVA à faire. → Plafonnement des cotisations sociales pour les commerçants et artisans (imposés dans la catégorie des BIC) à : • 14 % du CA HT pour les activités d'achat/revente, de restauration et de prestations d'hébergement ; • 24,6 % du CA HT pour les prestations de services.	→ Obligations comptables réduites à la tenue d'un livre de recettes et d'un registre des achats. → Pas de TVA à facturer (franchise) et donc pas de déclarations de TVA à faire. → Possibilité d'opter pour un système de prélèvement fiscal libératoire. → Modalités de calcul et de règlement des cotisations sociales très simplifiées, ayant pour conséquence de ne pas avoir d'avance de cotisations à faire en l'absence de rentrée de chiffre d'affaires. → Ces modalités de paiement des charges sociales et de l'impôt sur le revenu permettent de savoir exactement ce qu'il vous reste à la fin du mois ou du trimestre en trésorerie. → Dispense d'immatriculation au RCS ou au RM (et de stage de gestion pour les artisans).

Inconvénients comparés des régimes

Régime du bénéfice réel	Régime de la micro-entreprise	Régime de l'auto-entrepreneur
→ Obligation de tenir une comptabilité (ou de la déléguer à un expert-comptable). → Système de calcul et de paiement des cotisations sociales en deux temps, obligeant à verser en début d'année des cotisations provisionnelles calculées sur une base forfaitaire (non proportionnelle aux revenus réels de l'année). → Système de régularisation ultérieure des cotisations sociales, susceptible de mettre en difficulté l'entrepreneur lorsque celui-ci n'a pas pris la précaution de provisionner les sommes nécessaires.	→ Non prise en compte des frais et achats réellement payés pour la réalisation du CA (parmi lesquels figurent les stocks, les primes d'assurances, les frais de déplacement, etc.). → Impossibilité de récupérer la TVA payée sur les stocks et les achats divers. → Système de calcul et de paiement des cotisations sociales en deux temps, obligeant à verser en début d'année des cotisations provisionnelles calculées sur une base forfaitaire. → Système de régularisation ultérieure des cotisations sociales, susceptible de mettre en difficulté l'entrepreneur lorsque celui-ci n'a pas pris la précaution de provisionner les sommes nécessaires.	→ Non prise en compte des frais et achats réellement payés pour la réalisation du CA (parmi lesquels figurent les stocks, les primes d'assurances, les frais de déplacement, etc.). → Impossibilité de récupérer la TVA payée sur les stocks et les achats divers. → Les charges sociales sont calculées sur le CA et non sur les bénéfices de l'entreprise.

En conclusion, ce statut est fait pour vous si :

Régime du bénéfice réel	Régime de la micro-entreprise	Régime de l'auto-entrepreneur
→ La tenue d'une comptabilité ne vous fait pas peur. → Vous prévoyez de recruter des salariés à court ou moyen terme. → Vous prévoyez des achats ou des frais conséquents : stocks, matériel, aménagements, machines, assurances, transport, etc. Vous pourrez ainsi amortir vos investissements, déduire fiscalement vos frais et récupérer la TVA sur vos achats de biens et de services. Passé un certain volume de chiffre d'affaires, vous devrez néanmoins envisager la création d'une société soumise à l'IS.	→ Vous avez peu de connaissances en comptabilité. → Vous vous lancez dans une activité à forte valeur ajoutée nécessitant peu d'investissements. → La non-récupération de la TVA ne présente pas d'inconvénient dans votre situation (peu d'achats et de recours à des prestataires — clientèle composée principalement de particuliers).	→ Vous vous lancez dans une petite activité à forte valeur ajoutée nécessitant peu d'investissements et de stocks, et ne présentant pas de risques particuliers. → La non-récupération de la TVA ne présente pas d'inconvénient pour vous (peu d'achats et de recours à des prestataires — clientèle composée principalement de particuliers). → Vous disposez d'une couverture sociale à un autre titre (ou vous prévoyez la réalisation d'un CA minimal vous permettant de valider 4 trimestres de retraite). → Votre objectif principal est de ne pas vous embarrasser avec la paperasserie et de vous consacrer totalement à votre activité et à la recherche de clientèle. → Vous n'êtes pas certain d'avoir des revenus réguliers. → Vous voulez tester votre idée… ou votre capacité à entreprendre !

Vous vous posez d'autres questions ? C'est normal ! Ce régime vient de voir le jour et il existe encore des vides juridiques, qui seront vite comblés.

N'hésitez donc pas à vous connecter régulièrement sur *www.apce.com* et à vous abonner à sa lettre d'information quotidienne.

Vous trouverez par ailleurs l'actualisation de ce guide sur *www.leguidedelamicroentreprise.fr*

Mais dès à présent, voici quelques informations complémentaires qui vous seront utiles :

Votre statut actuel

→ Que vous soyez salarié, sans emploi, étudiant, retraité, fonctionnaire, intermittent du spectacle… vous pouvez devenir auto-entrepreneur.

Une seule exception : si vous êtes en congé maternité ou en congé parental. Ces deux congés ont pour objet de vous permettre de vous consacrer totalement à votre/vos enfants ! Il faudra donc attendre qu'il se termine pour créer votre entreprise, quelle que soit la forme choisie.

→ **Si vous êtes retraité,** vous ne serez pas dispensé de verser des cotisations retraite au titre de votre nouvelle activité. Le régime de l'auto-entrepreneur n'apporte rien de nouveau sur ce point.

→ **Si vous êtes étudiant,** vous devriez pouvoir conserver ce régime pour le versement de vos prestations. Contactez directement l'Accoss par mail. Vous recevrez une réponse personnalisée : *auto-entrepreneurs@acoss.fr*

→ **Si vous êtes salarié** et que vous comptez exercer une activité indépendante en parallèle, n'oubliez pas que vous êtes tenu, vis-à-vis de votre employeur, à une obligation de loyauté et de non concurrence. Reportez-vous aux explications données sur ce sujet dans le premier chapitre de ce livre (Vous et votre idée : êtes-vous faits pour vous entendre ?)

→ **Si vous êtes fonctionnaire,** reportez-vous aux explications données sur votre statut dans le premier chapitre de ce livre (Vous et votre idée : êtes-vous faits pour vous entendre ?) et suivez l'actualité ! Le gouvernement a annoncé de nouvelles mesures pour faciliter l'exercice d'une activité indépendante parallèlement à vos fonctions.

→ **Si vous êtes demandeur d'emploi indemnisé ou intermittent du spectacle,** vous pourrez bénéficiez des aides du Pôle emploi (issu de la fusion entre l'ANPE et l'Assedic), et notamment du maintien partiel des allocations. Cependant, des précisions sont en attente concernant leur mode de calcul. À suivre donc…

Votre activité

Vous pouvez exercer plusieurs activités distinctes sous le régime de l'auto-entrepreneur. Il faudra néanmoins les déclarer au centre de formalités des entreprises.

Si leur nature est différente, il faudra respecter les deux seuils visés dans le tableau :

- votre CA annuel global, pour être auto-entrepreneur, ne devra pas excéder 80 000 euros ;
- et, l'intérieur de cette limite, votre CA annuel afférent aux prestations de services ne devra pas excéder 32 000 euros.

→ **Par contre, vous ne pourrez pas avoir 2 « auto-entreprises ».** Une même personne ne peut avoir qu'une seule entreprise individuelle et donc qu'une seule « auto-entreprise ».

→ **Attention ! Vous devez être réellement indépendant.** Si vous quittez votre emploi pour devenir auto-entrepreneur et que vous conserver votre employeur comme client unique, vous pourrez être requalifié de « salarié déguisé ».

D'une manière général, lorsque vous n'avez qu'un seul client, l'Urssaf, en cas de contrôle, vérifiera si la relation qui vous lie à ce dernier est bien une relation de prestataire et non de salarié. Tout dépendra de votre degré d'autonomie. Le fait d'utiliser par exemple les fournitures ainsi que le matériel informatique de votre « client », d'être contraint au respect d'horaires imposés par l'entreprise, d'être payé mensuellement… peut présumer d'une situation de salariat. À vous, alors, de prouver le contraire !

→ **Vous vous lancez dans le domaine des services à la personne ?** Pour que vos clients « particuliers » puissent bénéficier d'avantages fiscaux sur vos prestations, vous devrez faire une demande d'agrément simple auprès de votre Direction départementale du travail et de l'emploi (DDTE). Renseignez-vous auprès de cette dernière ou auprès de l'Agence nationale des services à la personne : *http://www.servicesalapersonne.gouv.fr*

→ **Vous êtes agent commercial ?** Vous devez demander votre inscription sur le Registre spécial des agents commerciaux auprès du greffe du tribunal de commerce.

Ensuite, rien ne s'oppose à ce que vous optiez pour le régime « micro-social » et pour le prélèvement fiscal libératoire.

→ **Comme toute entreprise, vous aurez un numéro Siren et un code APE.** Ils vous seront attribués par l'Insee. Vous devrez mentionner votre numéro Siren sur tous vos documents commerciaux et sur vos factures.

→ **L'ouverture d'un compte professionnel.** Il n'existe aucune obligation légale pour une entreprise individuelle d'ouvrir un compte bancaire professionnel. Cependant, cela est recommandé :

- pour séparer les flux financiers personnels des flux financiers ;
- pour pouvoir accéder à certains services réservés aux professionnels (acceptation des paiements par carte bancaire par exemple).

Vos charges sociales

→ **Le paiement de vos charges sociales.** Vous compléterez chaque trimestre ou chaque mois un formulaire de déclaration de chiffre d'affaires. Vous calculerez ensuite vous-même le montant de vos cotisations en appliquant le taux correspondant à chaque type d'activité (si vous exercez plusieurs activités de nature différente).
Vous pourrez également adhérer gratuitement au service de déclaration et de paiement en ligne mis en place sur
http://www.lautoentrepreneur.fr

→ **Si vous ne réalisez pas de CA au cours d'un mois ou d'un trimestre :** vous ne déclarerez et ne payerez rien. C'est un avantage certain si vous ne pensez pas avoir de revenus réguliers !

→ **Si vous bénéficiez d'une mesure d'exonération de charges sociales** (Accre ou exonération pour les salariés créateurs par exemple), vous ne pourrez pas bénéficier du régime « micro-social » pendant cette période. Le régime « micro-social » s'appliquera à compter de la fin de la période d'exonération qui vous a été accordée.

Votre protection sociale

Ce sera celle des travailleurs indépendants, s'il s'agit de votre activité principale.

Au niveau de la maladie, vous bénéficierez immédiatement des prestations en nature (remboursements de consultations, de médicaments...).

En revanche, au niveau de la retraite, vos droits dépendront du montant de cotisations que vous verserez.

Des précisions ministérielles doivent prochainement être apportées sur ce point. À suivre...

Vous disposez désormais de toutes les informations indispensables pour prendre votre décision ! C'est à vous de jouer maintenant !

Index

D

E

F

Dans le cadre de sa politique de développement durable,
Jouve initie en 2007 une démarche visant à la certification ISO 14001.
Cet ouvrage est imprimé sur papiers Munken Prenium white des papeteries Arctic Paper pour l'intérieur et Ensocoat des papeteries Stora Enso pour la couverture. Ces papiers sont fabriqués sur des sites papetiers certifiés ISO 14001 et enregistrés EMAS à partir de fibres d'origine de forêts gérées de manière durable.

Composé par Sandrine Rénier
Achevé d'imprimer : Jouve, Paris
N° d'éditeur : 3820
N° d'imprimeur : 482966P
Dépôt légal : avril 2009
Imprimé en France